대한민국 4050
청춘을
디자인하라

대한민국 4050 청춘을 디자인하라

젊게 사는 사람들의 6가지 행복한 습관

팀 드래이크, 크리스 미들턴 공저
차재혁 역

젊게 사는 사람들의 6가지 행복한 습관

대한민국 4050 청춘을 디자인하라

1판 1쇄 인쇄   2011년 7월 25일
1판 1쇄 발행   2011년 8월   3일

지은이 팀 드래이크·크리스 미들턴 **옮긴이** 차재혁 **펴낸이** 조헌성 **펴낸곳** (주)미래와경영
편집장 엄진영 **북디자인** 양은정 **편집** 이인숙·김석미
마케팅 류석균 **인쇄** 해외정판사 **제본** 대산바인텍
주소 서울특별시 구로구 구로동 222-14
대표전화 (02)837-1107 **팩스** (02)837-1108
등록번호 제 16-2128호
홈페이지 http://www.FNM.co.kr

값 13,000원
ISBN 978-89-6287-089-3 13320

※이 책은 「YQ, 당신의 젊음지수는 얼마입니까?」 ISBN 978.89.6287.030.5 (13320)의 개정판입니다.

이 책은 젊음에 관한 내용을 다루고 있다.

언제까지나 나이를 먹지않고 영원히 젊게 살고 싶어하는 우리들의 바램을 얘기하고 있다. '젊음을 오래토록 유지하면서 현명하게 그리고 더 행복하게 살 수 없을까' 하는 바램들에 대한 이야기이기도 하다.

이 책에서 전해주는 메시지들은 깊게 생각하고 이해해야 하는 어려운 얘기들이 아니다. 아주 쉽고 간단하게 우리의 바램들을 현실로 나타나게 해줄 것이다.

나이를 먹는다는 것은 마음먹기 달린 문제이다. 젊게 살고 싶다면 젊게 생각하면 될 뿐이다. 한 살이라도 더 젊게 생각하고, 젊게 행동할 수만 있다면 사는게 복잡하고 머리 아파할 문제가 아니다. 더 젊게 생각하고, 더 젊게 행동하는 것이 더 현명해지는 길이고 결국은 성공적인 인생을 보낼 수 있다.

'나이가 들었구나' 라는 생각이 들기 시작하면서부터 어쩌면 사는게 너무 재미없고, 지루하다는 생각이 동시에 들었을 것이다. 그게 바로 인생일지도 모른다. 나이가 어렸을 때는 그런 생각이 들지 않았을텐데 말이다. 사람은 누구나 자신이 어렸을 때 가졌던 생각과 행동들에 대한 기억을 잊어버리기 시작하는 무렵부터 젊음이 주는 지혜를 잃어버리게 된다.

나이에 대한 우리들의 편견이나 선입견이 너무나도 깊이 뿌리박혀 있기 때문에 그것을 걷어내는 것이 무엇보다 시급하다. 하루빨리 다음과 같이 생각을 바꿔야 한다.

- ♠ 나이는 외모가 아니라 생각의 문제이다.

- ♠ 나이에 걸맞게 생각해야 된다라고 생각하지 마라. 대여섯 살짜리 아이도 자신의 나이보다 더 어리게 생각할 수도 있고 아니면 더 많게 생각할 수도 있다. 즉, 어떤 나이 때라도 어리게 생각할 수도 있고 반대로 나이들어 보이게 생각할 수도 있다.

- ♠ 우리 대부분은 구닥다리처럼 보이는 것을 싫어하지만 실제로는 노인네처럼 행동을 한다. 사람들은 거의 다 20살이 넘기 시작하면서 '나이를 먹는구나'라는 나이 타령을 하기 시작한다.

- ♠ 삶의 지혜는 꼭 나이를 먹으면서 얻게 되는 경험을 통해 배우는게 아니다. 사람은 모두 태어나는 순간부터 젊음의 지혜라는 선천적인 지혜를 가지고 있지만 나이 타령을 하는 순간부터 자연이 우리에게 준 소중한 젊음의 지혜를 잃어버린다.

- ♠ 우리는 흔히 선천적인 젊음의 지혜를 망각한 채 어른이 되어야만 진정한 삶의 지혜를 얻게 된다는 착각을 한다. 그래서 어른이 되면서부터 자기 나이에 맞게

생각을 하고, 행동해야 된다고 스스로를 옭아매는 순간부터 사는 게 더 힘들어 보이기만 할 뿐이다.

나이에 얽매여 사는 사람들을 보면 젊게 사는 사람보다 더 안스러워 보일 때가 많다. 그런 사람들은 항상 어린 시절에 대한 향수와 나이를 먹어간다는 두려움 그리고 하루가 다르게 변화하는 시대에 '나만 혼자 뒤처지면 어떻게 하지' 라는 걱정으로 하루하루를 보내고 있다. 그래서 그런 사람들은 대부분 매사가 불만투성이고, 뭐든지 자기 탓으로 돌리면서 소심함의 극치를 달린다. 그리고 창의성은 눈 씻고 찾아볼 수도 없으며 유머 감각도 없고, 즐겁게 생활하는 모습을 찾아보기 힘들다. 한마디로 재미없는 인생을 살아가고 있다.

필자는 이 책을 통해 여러분이 노인병에 걸려 허우적거리며 걱정으로 하루를 살기보다는 어렸을 때 각자 지니고 있던 젊음의 지혜 즉, 상상력과 열정, 우정 그리고 즐거움들을 하루 빨리 되찾을 수 있게 되기를 바란다.

각 장마다 여러분의 이해를 돕기 위해 통계 자료를 같이 제시해서 보통 사람들이 어떻게 생각하고 살아가고 있는지 보여줄 것이다. 그

것을 통해 여러분은 우리 모두가 일반적으로 생각하는 것보다 훨씬 더 어린 나이부터 정신 연령이 노화된다는 사실을 알 수 있을 것이다. 어떤 사람은 10대 후반부터 또 어떤 사람은 20대 중반부터 고리타분한 생각을 하지만 일부는 50, 60대에도 젊게 생각하고, 젊게 살아가고 있는 사람들이 있다는 사실을 알게 된다.

필자의 바램은 독자 여러분들이 하루라도 빨리 잃어버린 젊음의 지혜를 되찾을 수 있게 도움을 주는 일이며, 그렇게 하기 위해서 실생활에서 어떻게 생각하고 어떻게 행동해야 하는지 알려주는 것이다. 몸뚱아리는 나이를 먹을 수 있어도 마음과 생각만은 언제까지나 젊음을 유지할 수 있다.

젊음의 지혜를 영원히 간직하기 위해서 어떻게 해야 하는지 여섯 단계로 나누어 설명했으며 실제 나이에 상관없이 누구나 읽고 참고할 수 있게 해놓았다. 무엇보다 잃어버린 젊음을 다시 찾거나 아니면 지금의 젊음을 잃어버리고 싶지 않거나 어느 쪽이든 많은 돈이 필요치 않다. 단지 이 책 한 권을 살 수 있는 돈만 있으면 된다. 이 책을 읽고 이대로만 실행에 옮긴다면 분명 성공적인 미래의 청사진을 완성할 수 있을 것이라고 자신한다.

이 책을 집어든 사람이라면 분명 "이렇게 사는 건 아닌데"라는 생각을 했던 독자거나 지금보다 앞으로 다가올 미래가 더 걱정되는 독자일 것이다. 나이를 먹는 게 너무 걱정되서 그런 고민으로부터 하루 빨리 벗어나고 싶은 독자일 수도 있다. 그리고 주위에서 젊게 사는 사람들을 보면서 그 용기가 부러웠던 독자일 수도 있다. 어떤 필요성을 느껴 이 책을 읽게 되었는지 상관없이 독자 여러분 모두가 바라고 있고 필요한 것은 바로 "변화"이다.

누구나 인정하겠지만 변화는 절대 쉽게 이루어지지 않는다. 필자도 여러분에게 하룻밤 사이에 더 젊어지고, 더 현명해질 수 있는 방법을 알려줄 수는 없다. 다만 필자가 여러분에게 약속할 수 있는 점은 이 책 안에 나와 있는 여섯 가지 단계를 일상생활 속에서 꾸준히 실행에 옮긴다면 분명 여러분이 찾고자 하는 것을 얻게 될 수 있다는 점이다. 앞뒤가 꽉 막힌 생각의 틀에서 벗어나 유연하게 생각하고, 열정을 품고 살아갈 수 있는 날들이 오게 될 것이다. 그렇게 되면 젊음이 주는 에너지에 흠뻑 취해 주위에 있는 사람들뿐만 아니라 세상을 새롭게 보게 되는 즐거움을 찾게 될 수 있다. 인생을 좀 더 만족스럽게 보내게 될 그날을 기대해 보자. 그리고 이 책 안에 젊음을 유지하고 살아가는 비법같은 내용들이 있다고 생각하지 말았으면 좋겠다.

변화를 원한다면 도전을 해라. 현재 사는 게 만족스럽고, 최고라고 생각한다면 책을 덮고 그렇지 않다면 책을 펴기 바란다.

Contents

서문 _5

Youth Quotient 01 **젊게 살 수 있는 비결** **13**

나이먹는 게 나쁜 일만은 아니다 _18   젊게 살기 위해 필요한 것은? _22   노화방지라는 말의 의미 _26   젊게 사는 비결_마음가짐을 새롭게 _30   지금 필요한 것은 무엇? _34

Youth Quotient 02 **내 나이는 정확히 몇 살일까?** **37**

생년월일, 몸 나이, 생각 나이 _38   YQ 테스트 _43   생각 나이별 특징 _47   생각 나이의 참된 의미 _50   요약 _53

Youth Quotient 03 **변화 적응력** **54**

변화 적응력이란? _57   새로운 것을 받아들이자 _61   변화를 거부하지 말자 _63   변화 적응력이 가져다 주는 좋은 점들 _66   안주하고픈 마음을 과감히 버릴 줄 알아야 한다 _67   안전지대를 넓혀보자 _69   내게 소중한 것은 무엇인지 다시 생각해보자 _71   세 가지의 변화 적응력 _77   요약 _107

Youth Quotient 04 **자기 자신을 더 사랑하라** **108**

자기 자신을 사랑하라는 말 _111   자기계발 _113   자기 자신을 사랑할 수 있는 세 가지 자세 _117   요약 _137

Youth Quotient **05** ## 새로운 사람들을 사귀자 **138**

신선한 얼굴들이란? _141   다른 사람을 받아들이는 것 _143   새로운 사람들이 가져다 주는 좋은 점들 _144   외로움을 즐기지 마라 _145   가져야 할 세 가지 마음 가짐 _147   요약 _166

Youth Quotient **06** ## 항상 깨어 있어라 **167**

항상 깨어 있어라는 말은 _169   에너지를 만들어라 _175   게으름쟁이와 겁쟁이가 되지 마라 _177   항상 깨어 있게 되면 좋은 점 _180   항상 깨어 있기 위해서 필요한 세 가지 자세 _181   요약 _192

Youth Quotient **07** ## 내 기쁨이 먼저다 **193**

내 기쁨이 먼저라는 말의 의미 _196   행복을 찾아서 _199   슬픔에 빠지려고 하지 마라 _200   내 기쁨이 먼저라는 생각이 주는 이점들 _203   내 기쁨이 먼저라는 생각을 가지기 위한 마음 자세 _204   요약 _218

Youth Quotient **08** ## 내일을 꿈꿔라 **219**

내일을 꿈꿔라의 의미 _220   창의력 높이기 _224   꿈꾸는 것조차 포기하지 마라 _225   내일을 꿈꾸기 위해 가져야 할 세 가지 마인드 _228   요약 _242

Youth Quotient **09** 젊게 생각하는 사람들이 인정받는 이유

.... **243**

젊게 생각하는 가정 _245   젊게 생각하는 사람들의 모임 _247 젊게 생각하는 사람들의 회사 _248

Youth Quotient **10** 영원한 젊음 **254**

야망을 가져라 _257   영원한 젊음을 얻자 _258   경험 속에서 얻는 지혜 _259   젊음이 주는 지혜와 경험이 주는 지혜 _265   요약 _267

You can
be as
young
as you
think

Youth Quotient 01

젊게 살 수 있는 비결

사람은 누구나 젊음을 영원히 간직하고 싶어한다. 또 젊었을 때처럼 머리 회전도 빠르고 새로운 것에 대한 호기심도 왕성하게 가지고 살 수 있으면 얼마나 좋을까 하는 바램과 살아가는 그 자체가 즐겁기만 했던 어렸을 때를 그리워하고 산다.

우리들 중 어떤 이들은 생각보다 굉장히 어릴 적부터 나이에 걸맞지 않게 훨씬 더 어른스러운 생각을 하기 시작한다는 사실이 필자에게는 너무나 안타깝게만 보인다. 그리고 그렇게 어린 나이부터 정신적인 노화 현상이 일어나는 것을 본인들 대부분이 인식을 하지 못한다. 톨스토이가 말하길 "사람에게 가장 끔찍한 일은 나이가 들어가는 것"이라고 했는데 다음에 나오는 자료를 보면 잘 알 수 있다.

구분	15~ 17세	18~ 24세	25~ 34세	35~ 44세	45~ 54세	55~ 64세	65세 이상
나는 언제나 새로운 것에 대한 호기심을 느낀다.	68%	66%	46%	39%	35%	32%	19%

출처 Sociovision 3SC UK, 2005

　25살이 넘어가면서 정말 문제가 심각해지는 것을 볼 수 있다. 그 나이를 넘어서면서부터 새로운 것에 대한 호기심이 급격히 떨어지기 시작한다. 그리고 25살에서 34살에 이르는 사람 중 '언제나 호기심을 느낀다' 라고 대답했던 사람들 중 20%는 10대 후반이나 20대 초반에 느꼈던 것에 비해 그 강도가 훨씬 약해졌다고 한다.

　필자가 왜 이런 말을 끄집어내서 얘기하는지 그 이유는 새로운 것에 대한 흥미 즉, 호기심을 잃어버리는 순간부터 인생 자체에 대한 즐거움이 사라지게 된다는 것을 알려주고 싶어서이다. 그리고 호기심이 없어져 새로운 것이라면 무조건 귀찮아하면서 등을 돌리고 살아가고 있다면 삶에 대한 변화를 불러일으킬 수 있는 잠재 능력을 원천적으로 차단한 채 지내고 있다는 뜻이기도 하다. 자기 자신을 변화시킬 수 없다면 인생은 당연히 더 힘들고 고달파질 수밖에 없다.

　앞으로 이 책 안에서 위와 같은 데이터들을 계속 보게 될텐데 자료 안에 나오는 모든 수치들이 나이가 들수록 급감하는 면을 어렵지 않게 볼 수 있을 것이다. 그리고 사람들이 생각하는 것보다 아주 어릴 때부터 정신적인 노화 현상이 일어난다는 사실을 알게 될 것이다.

　위에 나온 데이터에서 맨 마지막에 있는 65세 이상중 19%에 해당하는 사람을 유심히 살펴볼 필요가 있다. 이 분들은 도대체 뭘까? "참, 인생을 편하게 사시는 분들이구나" 아니면 "나이 값을 못하고 사네…", 그것도 아니면 "진짜 젊게 사는 할아버지, 할머니들이네

…". 어쨌든 19%에 속하는 그 분들은 지금 이 순간에도 나이를 잊은 채 호기심과 흥미를 가지고 이 시대를 활기차게 살아가고 있는 분들이고 필자가 보기에는 행운아들이다.

앞에서도 잠깐 말했듯이 사람들이 "나이를 먹었구나"라고 느끼는 감정은 생각보다 꽤 어릴 때부터 들기 시작한다. 온몸이 쑤시면서 아픈 데가 많아지면 그런 생각이 들기도 한다. 아니면 깜빡깜빡하는 건망증이 생겨 "내가 열쇠를 어디다 뒀더라?", "내가 이 방에 왜 들어왔지…"라는 순간적인 건망증들이 생기기 시작하면서 대부분 "나이를 먹었구나"라고 생각하는데 그 시점이 상상외로 빠르다.

사람은 누구나 마음속으로 "나이를 먹었구나"라고 느끼는 순간부터 인생에 대한 회의가 들기 시작한다. 그러면서 어렸을 때처럼 웃는 일이 없어지고, 항상 삶에 찌들어 피곤해 하며 때로는 매사에 짜증을 내기도 한다. 매일매일이 똑같이 반복되고 재미난 일이라고는 눈 씻고 찾아봐도 없음을 한탄하면서 살아간다.

한 가지 다행스러운 일이라면 나이를 먹는 일이 나 한 사람만의 고민거리는 아니라는 사실이다. 다행이라고 하기에는 좀 그렇지만 거의 모든 사람들이 나이를 먹어간다는 사실에 노심초사하고 있다. 필자도 그렇고, 여러분도 그렇고 모든 사람들이 20살이 되기 전까지는 "하루라도 빨리 나이가 들었으면 소원이 없겠다"라고 말했다. 그러다가 20살이 넘으면 그때부터는 "한 살이라도 덜 먹었으면 좋겠다"라고 생각하면서 산다. 아마 죽는 날까지 그런 생각을 할지도 모르겠다. 인간의 욕심이란….

"내가 나이가 들긴 들었구나"라는 생각은 여기저기서 쉽게 찾아온다. 회사에서 나보다 나이가 어린 직원들이 정말 참신한 아이디어를 팍팍 내어놓을 때, 일에 대한 열정으로 쭉쭉 커나가는 것을 보게 될 때, 어느 날 나보다 어린 직원이 나를 치고 올라가 내 상사가 됐을 때와 같은 모습을 쉽게 볼 수 있다. 반대로 회사에서 나이가 많은 사람인데도 일할 때 젊은 직원보다 더 열정적으로 임하고 긍정적이거나 외모도 젊은 사람들보다 더 젊게 하고 다니는 것을 보면서 "난 왜 저 사람보다 어린데도 더 나이가 많아보이지?"라는 생각을 하기도 한다. 그리고 집에서는 아이들이 자라면서 점점 더 따로 놀려고 하거나 자기 주장이 강해지는 것을 볼 수 있다. 그럴 때마다 "이제는 애들한테 금전적인 뒷바라지 하는 거 외에는 해줄게 없구나"라는 생각이 들 때도 나이가 들었다고 느끼게 된다.

하지만 역설적으로 생각한다면 이렇게 나이가 들어가고 있다는 생각이 심각하게 다가올 때가 나이 타령을 그만둘 수 있는 절호의 기회이기도 하다. 인간은 자기 방어를 위해 때로는 자기 자신까지 속일 수 있기 때문에 마음속으로 나이에 대한 생각을 아예 떨쳐버리려고 노력만 한다면 시간에 관계없이 언제까지나 그렇게 할 수 있다. 그렇게 해서 나이라는 놈을 잊고 살아가면 나이가 들면서 일어나는 나쁜 일들은 모두 다른 사람들의 문제일 뿐 여러분 자신과는 상관없는 일이 될 수 있다.

"난 언제까지나 23살이야"라고 외치며 살기 바란다.

어느 날 문득 세상 모든 일이 부정적으로 보이고, 비관적인 생각이 앞서고 그러면서 세상 일에 둔감해지면서 속으로 이제 나도 "흘러가는 세월 앞에서는 어쩔 수 없구나"라는 생각이 들면 이런 생각은 해본 적 없는지 여러분 스스로에게 한번 물어보기 바란다.

♠ 내가 생각하는 미래는 여전히 희망찬 일들이 기다리는 약속의 땅으로 보일까? 아니면 나랑 상관없는 먼 나라 이야기이거나 '오늘보다 더 우울하지나 말았으면 좋겠다'라고 생각하고 있을까?

♠ 희망과 꿈과 웃음은 모두 포기를 하고 살아야 할까?

♠ 나이를 얼마 먹지 않았는데도 사회적 통념 때문에 "내 나이에는 어울리지 않아", "내가 한 세살만 어렸어도 어떻게 한번 해볼텐데..."라는 식으로 얘기한 적은 없을까?

♠ 어느 날 내가 어렸을 때 부모님이 나한테 했던 얘기를 아이들에게 똑같이 되풀이 하고 있는 내 모습을 보고는 깜짝 놀랐거나 또 아버지나 어머니와 똑같이 닮아가는 나를 보고 있지는 않은가?

나이먹는 게
나쁜 일만은 아니다

나이를 먹어간다는 게 꼭 걱정해야 될 일만은 아니다. 걱정한다고 어떻게 될 수 있는 문제도 아니고 자연의 섭리이자 나이가 많아지면 더 위엄있게 살아 갈 수도 있다. 나이를 먹으면 밤 늦은 시간까지 맘 껏 놀다가 새벽에 들어가 잠을 자도 되고, 만나고 싶은 사람을 아무 때나 만나도 되고, 내가 하고 싶은 일을 부모님의 간섭없이 해도 된다. 그리고 어렸을 때보다는 주머니 사정이 그나마 넉넉해지기 때문에 좀 더 여유롭게 지낼 수도 있다.

이렇게 나이가 들면 좋은 점들 위에 필자는 하나 더 얹어주고 싶다. 이 세상에 태어나서 지금까지 살아온 날들만큼 그 만큼의 더 많은 지혜를 얻을 수 있다는 것이다. 그 지혜는 특별히 배울 필요도 없이 여러분 각자의 인생이 지금까지 주었던 교훈들을 잠깐이라도 뒤돌아보고 다시 새겨보면 된다.

사람들은 나이 서른이 되면 새로운 사람을 만나게 됐을 때 느껴지는 어색함 때문에 옛날 친구들을 더 그리워하게 된다. 그리고 마흔이 가까워지면 혹시라도 밑에 직원들이 보는 앞에서 말도 안되는 '실수라도 하면 어쩌나' 라고 하는 걱정 속에 사로잡혀 살게 된다.

일반적으로 사람들에게 나이를 먹으면서 생기는 가장 좋은 점은 어렸을 때 해보지 못했던 여러 가지 일들을 경험해 볼 수 있다는 것이다. 또 어렸을 때보다는 그래도 좀 더 편하게 생활을 할 수 있다는 점이다. 어렸을 때 스트레스 받던 일들이 커서는 별로 중요하지 않은 일로 퇴색되고 어렸을 때처럼 어처구니없는 실수를 저질러 얼굴 빨개지던 일들도 예전처럼 자주 생기지 않는다. 그리고 무엇보다 인생의 참 의미를 발견하고 가질 수 있다는 점이다. 이렇게 좋은 것들이 훨씬 많은데 이 모든 것들을 다 포기하면서 다시 어렸을 때로 돌아가고 싶은 사람이 있을까?

우리들 모두는 살면서 터득하는 경험들처럼 살아있는 교훈들을 통해 더 나은 선택을 하게 된다. 이 점은 모두 동의할 것이다. 이런 교훈들을 일반적으로 '경험이 주는 지혜'라고 하는데 여기에 대한 내용은 마지막 장에 나온다. 필자는 여기에 한 가지 더해서 '젊음이 주는 지혜'를 잊어서는 안된다고 말하고 싶다. 그래서 이 두 가지 지혜가 하나가 됐을 때만이 인생을 좀 더 풍족하고, 뜻깊게 살 수 있다고 말하고 싶다.

반면에 사람들이 가장 많이 하는 착각 중 하나는 모든 사람들이 나이를 먹으면서 그 나이에 걸맞는 경험들을 많이 하기 때문에 모두가 인생의 철학자가 된다고 생각하는 점이다. 실제로 그런 사람들 대부분은 나이를 통해 지혜를 얻은 게 아니라 겉으로만 엄숙해 보이고, 점잖게 보일 뿐이다. 이런 사람들은 나이를 먹어가면서 뭔가 "새로운 것들을 배웠다"라고 말할 수 없다.

앞으로도 계속 살펴보겠지만 대부분의 사람들은 나이를 먹어가면서 새로운 것을 배우기보다는 오히려 가지고 있던 능력마저 잃어버린다. 그렇기 때문에 사람은 모두 나이가 들수록 몸은 늙을지 몰라도 정신만은 더 건전해지고 윤택해진다고 하는 말들에 대해서는 재고해 볼 필요가 있다.

마지막으로 나이가 들면 좋은 점 중 하나는 성가시고 귀찮은 일로부터 벗어날 수 있다는 점이다. 그래서 정말 하고 싶지 않은 일이 생길 때는 나이 탓을 하면서 대충 넘어갈 수 있다. 예를 들어 결혼을 아직 안한 30살 여자가 있다면 주위에서 주구장창 "언제 결혼할거냐, 빨리 남들처럼 결혼해서 애 낳고 알콩달콩 살아야 하지 않겠냐?"는 소리를 지겹게 들어야 한다. 그래서 빨리 나이 50이 되어서 "그런 소리 좀 안듣고 살았으면 좋겠다"라고 생각하기도 한다. 결혼 생각도 없고, 아이를 낳고 싶어하지도 않는 여자가 나이 40을 넘기면 그 때부터는 사람들한테 왜 결혼을 안하는지 그 이유를 일일이 설명하지 않아도 되는 편안한 나이가 된다.

이런 비슷한 일들은 65살이 넘어가면 더 쉬워진다. 본인이 얘기하기도 전에 상대방이 지레 판단을 하고 "나이든 노인이니까"라고 넘어가는 문제가 많아진다. 충분히 할 수 있는 일임에도 불구하고 말이다. 여러분도 나중에 나이가 들면 필자가 얘기한 부분들의 이점을 십분 활용하게 되는 일들이 많이 생기게 될 것이다. 좀 불행한 일이 있다면 예전만큼 노인이니까 봐줘야지 하면서 그냥 넘어가는 일들이 요즘에는 많이 줄어들긴 했다. 확실히 나이에 대한 개념이 예전과 많이 달라지긴 했다.

젊게 살기 위해
필요한 것은?

한 30년 전만 해도 느림의 미학이라는 게 있어서 모로 가도 서울만 가면 된다는 말처럼 급할 게 별로 없던 시절도 있었다. 느려터진 행동은 그저 코메디의 소재 정도로 쓰이고 넘어가는 경우가 많았다. 하지만 지금처럼 하루가 다르게 급변하는 시대에는 그런 일들은 절대 용서되지 않는다. 일년 전에 품고 있던 생각도 고리타분하게 취급받는 세상이기 때문이다.

이런 시대적인 상황 때문에 그동안 지켜져 오던 나이에 대한 개념마저 송두리째 뒤엎어야 하는 사회적인 압박을 곳곳에서 받기 시작했다. 50대는 이제 30대처럼, 70대는 이제 50대처럼 그리고 80대는 이제 60대처럼 생활해야 하는 시대가 왔다. 이 말은 곧 편안하게 노후를 즐기면서 점잖게 살아가야 하는 나이 때가 점점 더 뒤로 늦춰져 가고 있다는 말이기도 하다. 이런 일들은 사회적인 압박 뿐만 아니라 자기 또래의 중년이나 노년층들이 실제 나이보다 훨씬 더 젊게 보이고 활기차게 생활하고 있는 것을 보면서 "나도 저래야 하는 거 아닌가"라는 스트레스를 받기도 한다.

여기서 필자가 말하고 싶은 얘기는 젊어지고 싶으면 나이에 상관없이 어린아이처럼 시도 때도 없이 징징거리라는 말이 아니다. 나이가 들면서 어쩔 수 없이 바뀌어야 하는 부분들도 있다. 예를 들어 과격하고 위험한 운동들에서 좀 덜 힘든 운동을 하거나 아니면 밤에 불장난 하면서 아무거나 태워먹었던 것을 재밌어했다면 이제는 밤새 파티를 즐기는 걸 좋아하는 쪽으로 바뀌는 것은 수긍하고 넘어가야 한다. 필자가 말하고자 하는 요지는 현 시대는 다행스럽게도 예전과 달라진 나이에 대한 인식들 때문에 더 많은 기회들을 가질 수 있다는 것이다. 그리고 이렇게 달라진 나이에 대한 개념을 제대로 활용하지 못한다면 분명 개인적인 좌절감을 느끼게 되면서 실패한 인생이라고 후회하는 일만 남게 될 것이다.

요즘처럼 사회에서 개개인들에게 이것저것 바라는 게 많은 시대에 살려면 정신을 똑바로 차리고 있어야 한다. 넋 놓고 가만히 바라보고 있다가는 언제 어떻게 될지 아무도 모른다. 태엽 풀린 시계처럼 느슨하게 살아가던지 아니면 가만히 서서 빨리 달리는 차를 그저 부러워하고 있던지 둘 중 어떻게 살아가든지 상관없다. 하지만 요즘같은 시대에는 한번 뒤쳐지면 다시 따라잡기란 훨씬 더 힘들다는 점을 명심하자. 다음에 나오는 몇 가지 변화의 예들을 한번 살펴보자.

첫 번째는 가정에서 일어나고 있는 변화를 보면 한 세대만 거슬러 올라가도 즉, 우리들 부모님 세대들 때는 자식들이 아버지와 어머니를 보면서 배우고 자라는 게 많았고 부모님들처럼 되고 싶어했다. 요즘은 어떨까? 사회적 가치관이 달라져서 지금은 가족 구성원 사이의 역할이 완전히 거꾸로 됐다. 아버지는 아들한테 배우면서 아들처럼 되고 싶어하고 또 어머니는 딸에게 배우면서 딸처럼 되고 싶어한다. 쇼핑을 할때 딸처럼 어려보이고 싶어서 가급적이면 신세대들 취향과 비슷해 보이는 옷들을 사거나 아이돌 댄스 그룹의 노래를 같이 들으며 흥얼거리고 아이들이 즐겨가는 곳을 기웃거리기도 한다. 이제 세대차이라는 말이 옛날처럼 흔하지도 않고, 나이든 사람들을 바라보는 사회의 인식도 많이 바뀌었다. 그렇기 때문에 옛날처럼 나이 타령을 하면서 어물쩍 넘어가려는 모습은 더 이상 먹히지 않는 시대가 되었다. 현 시대에서 나이라는 개념은 각자가 마음먹기 달린 문제이다.

두 번째는 비아그라가 몰고 온 현상으로 불과 몇 년전까지만 해도 남자들은 나이가 들면 자연스럽게 발기부전이 일어나고 그냥 조용히 "남자로서의 역할이 다 끝났구나"라고 받아들여야 했다. 하지만 지금은 어떤가? 전세계 수많은 남자들이 의사에게 달려가 비아그라를 처방받으며 아직도 자신에게 남아있는 성적 에너지를 발산시킬 수 있는 기회를 찾으려 하고 있다. 나이는 더 이상 미안해 하거나 참고 넘어가야 하거나 묵묵히 모든 걸 받아들여야 하는 이유가 되지 않는 시대가 됐다. 머지않아 비아그라는 당연히 사용해야 하는 의무이자 권리처럼 인식될 것이고 또 비아그라와 같은 것들은 한번 생기면 전에 어떤 일들이 있었는지 까맣게 잊어버리면서 더 나은 걸 바라면 바랬지 다시 원래대로 되돌아가고 싶어하지 않게 만든다. 이제는 사회적으로 나이에 대한 모든 통념이 무너지는 시대가 왔다. '난 서른이니까', '난 마흔이니까', '난 오십이니까'라는 말들로 변화를 거부하고 나이 속에 안주하려는 핑계는 더 이상 통하지 않는다.

마지막으로 인간의 평균 수명이 예전보다 길어졌다는 문제이다. 만약 현재 나이가 40이라면 평균적으로 따져보면 절반 정도 살아온 셈이다. 그 정도 시간이면 남아있는 생을 최대한 젊고 즐겁게 보낼 수 있도록 만들어갈 수 있는 시간적 여유가 있다. 더구나 앞으로 다가올 그 날들 안에 시대가 또 어떻게 변해서 사회적으로 어떤 일들이 생기게 될지 아무도 모른다. 평균 수명이 더 짧아지는 일보다는 길어지는 일들이 더 많이 생기지 않을까? 어쨌든 나이와 상관없이 현대의 생활을 만끽하고 살기 위한 가장 좋은 방법은 마음속으로 항상 젊게 생각하는 법을 길러야 한다.

이 책을 읽고 있는 독자라면 지금까지 필자가 얘기한 나이와 관련된 문제에 관해 한번쯤은 깊이 고민해봤을 것이라 생각한다. 그리고 또 단순히 젊게 살아가면 시대에 뒤처지지 않고, 활동적으로 살 수 있어 좋다라고만 생각하지 말고 인생을 성공적으로 보낼 수 있다고 폭넓게 생각했으면 좋겠다. 몇몇 독자는 벌써부터 슬리퍼가 편하고, 딱딱한 의자는 불편해지는 자기 자신을 발견했을지도 모른다. 나이가 들어서 그렇다고 생각하지는 말자. 그건 단순히 취향 문제라고 아무렇지 않게 넘어가길 바란다. 인생을 좀 더 알차고 성공적으로 맞이하고 싶다면 무엇보다 그저 하려는 의지만 있으면 된다. 나이가 스물다섯이든, 마흔 다섯이든, 일흔 다섯이든 자신의 무대에서 마음껏 뛸 수 있는 선수가 되려는 자세만 있으면 된다.

노화방지라는
말의 의미

필자가 보기에 통상적으로 많이 쓰이는 노화방지를 위한 방법들은 물론 긍정적인 측면을 많이 가지고 있다. 하지만 그 노화방지를 위한 방법들이라고 말하는 것들에는 제일 중요한 사실 하나가 빠져있다. 정신적인 노화는 이미 20대에 시작 되는데도 불구하고 노화방지라는 말들이 인생 말년을 앞 둔 사람들만의 전유물처럼 사용되고 있다는 사실이다. 마치 소잃고 외양간 고치는 것과 별반 달라 보이지 않는다. 마음속으로 나이가 들었다고 생각하는 순간부터 몸도 따라가게 되어있다. 지금부터 노화방지와 관련해서 가장 많이 사용하고 있는 방법들에 대해 알아보자.

먼저 젊게 보이려고 하는 방법들 중 대표적인 것은 화장술이다. 사람들은 화장품이라는 도구를 사용하면 충분히 젊게 보일 수 있다고 착각을 한다. 화장품 하나에만 목숨 걸고 매달리는 여자들을 보면 다들 이렇게 생각을 하는 것처럼 보인다. 눈밑 주름 방지용 크림이 실제로 어느 정도 효과가 있는지 확실히는 모르겠지만 효과가 많다고 굳게 믿고 사용한다. 필자가 보기에는 현실보다는 희망 사항이 아닌가 싶다. 육체적인 나이는 협상이나 거래를 통해 자기가 원하는대로 얻을 수 있는 게 아니다. 애석하게도 이런 헛된 꿈에 사로 잡혀 진짜로 젊게 살 수 있는 많은 방법들을 보지 못하고 있다.

두 번째로 성형 수술을 통해 멋진 글래머 여배우들처럼 변신하려는 사람들은 더 큰 문제를 가지고 있다. 물론 성형 수술이 잘되서 달라진 자기 모습을 보면 처음에는 누구나 기분이 좋아질 수밖에 없다. 하지만 남은 일생동안 6개월마다 한 번씩 보톡스 주사를 맞고 살아야 하고 설령 그런 번거러움을 감수할 자신이나 능력이 돼서 언제까지나 젊은 외모를 간직하고 살아갈 수는 있다. 하지만 머릿속으로 생각하는 게 할머니스러우면 무슨 소용이 있겠는가?

20대 꽃미남같은 외모를 가지고 여자에게 접근해서 초등학교 교장 선생님처럼 느껴지는 말을 한다면 보나마나 상대방 여자들이 모두 슬슬 도망가기 바쁠 것이다. 의학의 힘을 빌어 젊음을 되찾은 사람은 말을 하기 전까지만 매력적으로 보일 수 있다. 외모는 20대, 생각하는 건 50대라면 상상만해도 끔찍하다. 속으로는 바뀐 것 없이 겉으로 보이는 모습만 바꿨다가 생각의 나이가 노인네라는게 들통나면 그동안 애써왔던 노력들이 얼마나 멍청한 짓이었는지 알게 될 것이다. 최신식 몸과 구닥다리 머리를 가지고 생활한다면 끝이 어떻게 될지는 독자 여러분의 상상에 맡기겠다.

세 번째는 운동과 식사 습관이다. 이 방법은 무엇을 하든 가장 기초가 되는 근본이다. 중요하긴 하지만 젊게 살 수 있는 방법보다는 더 건강히 오래 살 수 있게 하는 방법에 가깝다. 그렇다고 무시하라는 말은 절대 아니다. 양과 질이 결합됐을 때만 어떤 일이든 최상의 결과가 나오기 때문에 짧고, 좋게보다는 오랫동안 길게 잘 사는 게 최고이다.

네 번째는 머리 회전을 빠르게 하는 방법인데 이건 어느 정도 나이가 제법 든 분들에게 해당되는 내용일 수 있다. 스쿠도나 낱말 맞추기를 자주 하는게 좋긴 하지만 단순히 정답만 빨리 찾는 요령만 늘어간다. 아니면 얼핏 생각해봐도 그 모습 자체가 "나는 나이가 들대로 들어서 한물간 사람"이라는 이미지가 강하다. 머리 회전이 팍팍 돌아간다고 해서 신경질을 잘내고 고리타분해 보이는 아저씨, 아줌마로 되는 것을 막아주지는 못한다. 단어 몇마디 더 아는 것보다는 최신 트렌드와 화젯거리가 무엇인지 알아야 구닥다리를 면할 수 있다. 어쨌든 머리 회전력을 키우는 방법도 좋긴 하지만 이것도 역시 반쪽

짜리 정답이다.

　행동만 어리게 한다고 다시 유년 시절이나 20대 초반이었던 시절로 돌아갈 수는 없다. 젊게 행동하면 그만큼 좋은 점이 있긴 하지만 몇 십년 전 가치관과 사고방식을 가지고 있다면 진정한 젊음을 다시 찾을 수는 없다.

　다섯 번째는 멀리 여행을 떠나는 방법인데 여행을 통한 모험심을 기르는 것은 필자가 가장 강력하게 추천하는 사항 중 하나이다. 하지만 여행이라고 해서 다 좋은 것만은 아니다. 예를 들어 생각 자체가 나이 든 사람들은 편하게 여행을 다니면서 유명한 관광지에 가서 눈도장만 찍고 오거나 호텔방에서 밤새 술마시다가 다음 날 늦게 일어나서 쓸데없이 시간만 버린다. 부질없는 짓이나 마찬가지이다. 휴양을 하러 가는 여행이라면 모를까 그게 아니라면 다른 나라의 문화와 다른 나라 사람들에 대해 하나라도 더 접해보기 위한 여행을 해야만 필자가 추천하는 젊게 사는 비법 중 하나가 될 수 있다.

　지금까지 노화방지와 관련되어 흔하게 쓰이고 있는 여러 가지 방법들에 대해 알아봤다. 결론적으로 말하면 나이라는 놈은 어느 순간 조용히 다가와 우리들의 몸과 마음과 정신을 아주 깊숙이 뒤흔들어 놓는다. 그렇기 때문에 영양 크림이나 성형 수술, 술만 마시고 오는 여행과 같은 방법들은 별 도움이 안된다.

여러분이 정말로 젊게 살면서 성공하고 싶다면 그리고 행복하게 살고 싶다면 이제부터 전혀 다른 방법으로 시도를 해야 한다.

젊게 사는 비결
_마음가짐을 새롭게

젊음의 묘약은 화장품 안에도 없고, 성형 수술에 쓰이는 실리콘 보형물 안에도 없고, 아이돌 가수의 콘서트 장(場) 안에도 없다. 그런 것들 안에는 젊은 기분을 잠시나마 만끽하게 해주는 순간적인 진통제만 있을 뿐이다. 진정한 젊음을 간직한 채 살고 싶다면 생각부터 뜯어고쳐야 한다. 나이에 상관없이 언제까지나 젊게 산다는 말을 들으며 살고 싶다면 사고방식 자체를 바꾸려는 노력이 필요하다.

지금 나이가 20대인 사람이거나 30, 40대인 사람이거나 필자가 계속 말하지만 신체적인 나이는 중요한 게 아니다. 더 이상 주민등록증에 있는 나이로 젊음을 판단하는 시대가 아니다. 20대에 있는 사람들 중에서도 상당수가 나이보다 훨씬 늙어보이게 생각하고 행동하고 있는 사람들도 많다. 반대로 40대의 아저씨, 아줌마가 20대같은 생각을 품고 살아가고 있기도 한다. 현재 우리는 어떤 생각을 가지고 살아가는지에 따라 젊은지, 아닌지를 판단해야 하는 시대에 살고 있다. 무한한 상상력과 열정 그리고 행동만이 젊음을 대변할 수 있다.

생각과 행동이 일치하는 젊음을 간직하고 싶다면 구태의연한 사고 방식과 태도를 버리고 생각 자체를 완전히 새롭게 바꾸어야 한다. 진짜 젊게 살아가는 사람들과 같은 가치관과 자세와 머리를 가져야 한다.

그리고 여러분 주위에서 벌어지고 있는 일들에 대해 항상 관심을 가지면서 눈을 떼서는 안된다. 필자가 말하는 마음 자세의 변화는 정보화 시대를 살아가는 사람답게 현대적인 관점을 가져야 하고 물 흐르듯이 자연스럽게 시대의 변화 안에 몸을 맡길 수 있어야 한다. 거꾸러 거슬러 올라갈 필요도 없고 휩쓸려 갈까 두려워서 떠내려가지 않으려고 발버둥칠 필요도 없다. 모든 사람들이 시대를 선도해 나가는 기술을 만들거나 유행을 창조할 수는 없기 때문에 대부분의 사람들은 변화되는 사회를 뒤쫓아 갈 수 밖에 없다.

그렇기 때문에 생각의 속도와 사회의 변화 속도 사이에서 벌어지는 간격을 얼마나 좁힐 수 있는지 그것만 신경을 쓰면된다. 간격 차이가 별로 벌어지지 않게끔 항상 새롭게 생각해보려는 마음 자세만 있으면 된다. 그리고 그 와중에 생기는 두려움이나 편견과 선입견은 최대한 멀리 해야 한다. 두려움, 편견, 선입견은 정말 나이들어 보이는 사람들만의 특권이다.

젊게 살아가기 위해서는 젊게 생각해야 하고 또 무조건 어리게 생각해서도 안된다. 그게 좀 어려운 점이기는 하지만 긍정적이고 합리적인 생각을 하면 된다. 그리고 마음속으로만 변화해서도 안된다. 겉으로 드러나지 않는 변화는 아무짝에도 쓸모없는 허구의 변화일 뿐이다. 마음속 변화를 굳건히 해서 자연스럽게 몸이 따라 갈 수 있게 해야 한다.

그런데 몸뚱아리는 그렇게 쉽게 마음을 따라가지 않는다. 육체적인 습관이라는건 하루 아침에 변화할 수 있는게 아니기 때문에 수시로 알려줘야 한다. 앞으로 이렇게, 저렇게 생각하고 행동할 것이라고 말하면서 반복성을 가져야만 어느 순간되면 몸이 자연스럽게 따라 움직이는 날이 온다. 그런 날이 오면 그때부터는 누가 봐도 "저 사람 진짜 나이가 몇이지?, 나보다 많아 보이는데 굉장히 젊게 사네!"라는 말들이 나오게끔 어색하지 않고 자연스러운 젊음을 가지고 살 수 있게 된다.

> 믿음이 강할수록 젊다는 것이고 의심이 많을수록 나이가 들었다는 것입니다. 자신감이 많을수록 젊다는 것이지만 두려움이 크면 나이가 들었다는 것입니다. 젊은이는 희망을 먼저 생각하지만 나이가 많은 사람은 절망을 앞서 생각합니다. 여러분의 심장 속 한 켠에서 아름다움과 희망과 흥분과 용기를 간직할 수 있는 방이 있어서 아직도 여러분의 심장을 뛰게 만들고 있다면 여러분은 젊다 라고 말할 수 있습니다.
> 하지만 그 방을 밝혀주던 등불이 꺼져 어두워지고 비관과 냉소의 찬서리가 심장을 꽁꽁 얼려버렸다면 그 다음에 일어날 일은 딱 하나 뿐입니다. 단지 이거 하나, 늙어가고 있다는 현실만이 여러분 앞에 있을 뿐입니다.
>
> _ 맥아더 장군

우리들 주위에 있는 사람들 중에는 특별한 노력없이도 젊게 사는 사람들이 있다. 한마디로 축복받은 사람들이다. 그런 사람들은 태어날 때부터 지니고 있던 젊음의 지혜를 나이가 들어서도 도망가지 못하게 꽁꽁 묶어놓고 살아가는 것처럼 보인다. 그런 사람들은 대개 상대방이 자신보다 나이가 많건, 적건 상관없이 어느 연령대의 사람들하고도 말이 잘 통한다. 그래서 다양한 연령대와 친구처럼 지내고 그런 친구들 속에서도 항상 넘치는 끼를 발산한다.

그런 사람들은 제껴놓고 독자 여러분을 포함해서 필자 역시 마찬가지이고 대부분의 사람은 그런 행운은 커녕 실제 나이보다 더 빠르게 나이를 먹어가는 것을 넋놓고 쳐다볼 수 밖에 없다. 그게 인생이다. 인생은 어떻게 보면 참 불공평하기도 하지….

그렇다고 언제까지나 하늘을 원망할 수도 없는 일이고 한 가지 위안을 삼을 수 있다는 점이 있다면 출발이야 불공평하게 했을지 모르겠지만 끝은 노력한 만큼 달라질 수 있다는 사실이다. 지금부터라도 여러분의 노력 여하에 따라 인생을 성공적으로 살지, 아닌지를 결정할 수 있다. 그리고 성공으로 가는 지름길은 젊게 생각하고 젊게 살아가는 것뿐이다.

자연이 우리에게 준 젊음의 지혜를 잃어버리는 순간부터 사람은 나이에 상관없이 늙어가게 된다. 앞으로 젊음의 지혜에 대해서는 계속적으로 살펴보겠지만 그 전에 이것만은 분명히 마음 속에 새겨놓기 바란다. 여러분 모두는 젊게 살 수 있고, 활기차게 하루하루를 보낼 수 있다.

여러분의 인생은 모두 마술처럼 신비롭고, 흥분되고, 경이로운 것들로 가득 채워질 수 있다. 인간이라면 누구나 다 똑같이 그렇게 느끼며 살 수 있다. 내적으로 변화하고자 하는 의지와 노력만 있다면 가능하다. 이 책을 읽고 있는 여러분의 나이가 어떻게 됐든지 상관없이 누구에게나 지금 이 순간보다 더 나은 시간은 없다. 지금이 바로 변화를 위한 가장 좋은 시간이다.

지금 필요한 것은
무엇?

사고방식을 어떻게 바꿔야 젊음을 다시 되찾고 유지할 수 있을까? 답은 아주 간단하다. 젊음의 지혜를 다시 되찾으면 된다. 나이가 들면서 잃어버렸던 것들을 다시 찾을 수 있게 하면 된다는 것 외에는 다른 말이 필요없다.

독자들 중에는 어렸을 때 꼭 좋은 일이나 행동만 했던 것도 아니었기 때문에 차라리 그 때로 돌아가지 않는 게 더 나을지도 모른다고 생각하는 사람도 있을 것이다. 필자 역시 기억하고 싶지 않은 유년 시절의 추억이 있고 이유없는 반항을 일삼던 사춘기로 돌아가고 싶은 생각은 추호도 없다. 그 당시에는 필자가 생각해도 정말 아무 생각없이 사고만 치던 문제아였기 때문이다.

지금부터 무엇을 가지고, 무엇을 버려야 하는지 알아보자. 필자가 젊게 살려면 젊게 생각해야 되고 젊게 생각하려면 젊은이들의 코드를 흡수해야 한다고 해서 설마 요즘 애들이 하는 말투나 행동을 전부 따라야 한다고 받아들이는 독자도 있을까? 그렇게 한다면 정말 무모한 짓이라고나 할까. 어쨌든 젊음이 가지는 가장 좋은 장점들만 여러분에게 알려줄 것이고 일상 생활에서 쉽게 적용시켜 볼 수 있는 부분들만 가지고 얘기를 할 것이다.

무례함이나 자기만 아는 이기심 그리고 사고 치고 경찰서를 들락날락 거렸던 적이 있었다면 그런 기억은 계속 잊고 살면 된다. 괜히 젊음의 지혜를 얻는답시고 철없을 때 했던 불장난까지 다시 할 필요는 없다.

앞으로 책 안에서 계속 나오게 될 말들 중에 '젊게 생각하고 살아가는 사람들' 과 '나이 들게 생각하고 살아가는 사람들' 이 있다. 전자는 일상 생활 속에서 젊음의 지혜를 간직한 채 살아가고 있는 사람들이며 주민등록증 나이와 전혀 상관이 없이 사는 사람들이다. 나이가 어려도 겉늙은 생각을 가지고 살 수 있고 또 나이가 아무리 많아도 젊게 생각하는 사람도 있다.

그리고 후자는 위와 반대로 젊음의 지혜를 대부분 잃어버리고 사는 사람들에 해당한다. 하루라도 빨리 어른 대접을 받고 싶은 조급함 때문에 어린 나이부터 젊음 그 자체를 버린 사람들이 많다. 그리고 나이가 들어갈수록 더 커지는 책임감의 무게에 짓눌려 젊음의 열정을 모두 포기한 사람들이 대부분이다.

'젊게 생각하는 사람들'이 바로 여러분들이 가져야 할 모습이다. 꼭 그렇게 해야 한다. 젊게 생각할 수 있어야 젊음이 주는 지혜를 영원히 가질 수 있고 그렇게 해야 죽는 날까지 젊음을 잃지 않고 살아갈 수 있다.

You can
be as
young
as you
think

내 나이는 정확히 몇 살일까?

생년월일,
몸 나이, 생각 나이

주민등록에 있는 나이와 몸 나이가 똑같지 않다는 사실은 건강관련 TV 프로그램에서 출연자들을 대상으로 몸 나이를 측정해서 알려주는 걸 심심치 않게 봤을테니까 무엇을 말하는지 쉽게 이해할 것이다. 태어난 날을 단순히 숫자로 표시한 나이가 주민등록 상의 나이이고 의사가 신체의 각 부위를 검진하고 그 결과에 따라 "당신의 신체적 나이는 몇 살입니다"라고 말하는게 몸 나이이다.

어릴 때부터 지금까지 담배를 많이 피는 골초라면 지금쯤 폐는 망신창이 되어서 노환으로 숨지기 직전인 사람의 폐와 비슷하게 되어있을 것이다. 따라서 실제 나이와는 상관없이 그런 사람과 비슷한 몸 나이를 가지고 있는 것과 마찬가지가 된다. 그래서 일반적으로 주민등록에 있는 나이와 몸의 나이는 사람에 따라 많은 차이를 보이게 된다.

그리고 생각 나이는 정신 연령이라고 말할 수 있는데, 여기서는 정신 연령이라는 말 대신 생각 나이라고 말하고 싶다. 정신 연령이라는 말이 부정적인 의미로 먼저 다가오는 경향이 있기 때문이다. 우리들 대부분은 어렸을 때부터 정신 연령이 높다는 말은 곧 칭찬이고 정신 연령이 낮다는 말은 곧 꾸지람이나 비웃음의 소재로 많이들 사용해 왔다. 그래서 필자가 앞으로 말하려고 하는 내용들과 일부 혼선을 빚을까 싶어 그 말은 사용하지 않겠다. 대신 생각 나이로 표현해서 글을 풀어가겠다.

생각 나이가 젊은지, 아닌지를 어떻게 하면 알 수 있을까? 몸 나이처럼 의사의 힘을 빌어올 수는 없지만 대신 사회 과학자들이 제시하는 몇 가지 테스트들을 통해 쉽게 알 수 있다. 조금 후에 그런 테스트들을 한번 직접 해볼 수 있는 자료들을 제시할텐데 그 전에 몇 가지 기본적으로 알고 가야 할 사항들이 있다.

주민등록에 있는 나이와 몸 나이가 차이가 난다는 사실에 대해서는 앞에서도 잠깐 언급을 했었다. 그 두 나이 사이에서 생기는 차이 폭보다 생각 나이와의 사이에 생기는 차이 폭이 훨씬 더 편차가 심하다는 사실에 주목을 해야한다. 사람 나이를 얘기할 때 그냥 단순히 태어나서 지금까지 몇 년을 살았는지에 따라 내 나이가 몇이라고 얘기해서는 안된다. 몸 나이도 따져보고 생각 나이도 판단해서 종합적으로 얘기 할 수 있어야 한다.

지금부터 몇 사람의 예를 한번 살펴보자.

홍길동 1

위에 나오는 홍길동 1은 실제 나이와 몸 나이가 얼추 비슷하다. 아마 건강이 중요하다는 점을 인식하고 규칙적인 생활 습관을 가지면서 운동을 그나마라도 한 결과가 아닐까 싶다. 문제는 그의 내면에 깔린 기본적인 정신 상태인데 나이에 비해 지나치게 소심하고 걱정거리를 달고 산다. 그래서 생활하는데 있어 별다른 재미거리도 없고 재미가 없으니 좋아서 흥분할 일도 없다. 그리고 그런 걸 찾을 생각도 없는 듯이 보인다. 한마디로 우리들 주변에서 심심치 않게 볼 수 있는 전형적인 40대 아저씨와 같은 생각을 하며 산다.

홍길동 2

홍길동 2는 실제 나이에 비해 훨씬 더 젊은 사람의 몸을 가지고 있다. 그런데 이 사람 역시 문제는 생각 나이이다. 이런 유형의 사람들은 대부분 운동하는 건 굉장히 좋아하면서 그에 반해 생각하는 건 별로 내켜하지 않는다. 그래서 몸은 젊어져 가는데 생각은 반대로 실제 나이보다 더 늙어가는 일이 벌어진다.

홍길동 3

홍길동 3의 경우는 이렇게 우리 모두 살아야 한다고 보여주는 예이다. 여기서야 예를 들기 위해 실제 나이가 53세라고 했지만 지금 여러분의 실제 나이가 몇 살이든 몸 나이와 생각 나이 모두 그것보다 어려야 하고 정 안되면 생각 나이만이라도 어리게 가져야 한다.

주위에서 이런 사람을 가끔 본 적이 있다면 아마 다들 똑같은 생각을 했을지 모른다.

"저 사람은 나이를 먹어도 항상 예전 모습 그대로네. 어떻게 된 게 늙지를 않아!"

이런 사람이야 말로 요즘같은 세상을 살아가는데 있어 꼭 필요한 모습이고 참고해야 할 인간형이다. 언제봐도 활기가 넘치고 어린 아이들과도 같은 또래처럼 말이 통하는 사이가 될 수 있는 사람. 나이 타령하면서 한숨만 내쉬지도 않는 바로 그런 사람.

위의 예에서나 1장에서 잠깐 얘기 했듯이 나이를 따질 때 가장 중요한 것은 몸 나이도, 주민등록증 나이도 아닌 생각 나이가 어떻게 되는지이다. 그런 면에서 우리들 대부분은 나이가 무척 많은 사람들이다. 대부분 생각 나이가 실제보다 훨씬 높게 나올 게 뻔하다.

요즘은 외모만 더 중시하면서 생각이나 내면은 따지지 않고 몸 나이만 신경쓰기 때문에 몸과 생각이 따로 논다는 게 가장 큰 문제이다.

그렇다면 과연 여러분 각자의 생각 나이는 정말 몇 살일지 궁금하지 않는가. 또 다른 말로 여러분의 젊음 지수(YQ - Youth Quotient)는 과연 어떻게 될까? 지금부터 간단한 테스트를 통해 여러분 각자의 생각 나이 즉, 젊음 지수는 어떤지 한번 알아보자.

이 테스트는 사회 과학자들이 사람들의 생각하는 정도가 얼마나 젊은지를 알아보기 위해 만든 자료로 여러분이 기본적으로 어떤 생각을 가지고 사는지 알아보기 위해 만들었다.

총 12 개의 간단한 질문이 객관식 형태로 출제되는데 필자가 앞에서 젊음 지수를 알아보기 위한 말을 했다고 해서 객관식 보기 중에서 마음에도 없는 답을 체크하는 일은 없었으면 좋겠다. 평소에 가지고 있던 생각이나 보였던 행동들을 그대로 솔직하게 반영해야 실제적인 여러분의 젊음 지수를 알 수 있다. 그래야만 앞으로 여러분이 어떻게 생각하고 어떻게 행동해야 하는지를 스스로 느낄 수 있다. 솔직하게 생각나는데로 답을 해주기 바란다.

YQ 테스트 

1. 회사 일 때문에 알게 된 사람으로부터 자신의 생일 파티에 와달
   라는 초대를 받았다. 그런데 그렇게 많이 친한 편도 아니고 그 파
   티에 참석하는 다른 사람들도 거의 모르는 사람들 뿐이었다. 이
   럴 때 여러분은?

   ① 적당히 핑계를 둘러대면서 미안하다고 말한다.
   ② 나랑 친한 친구를 데리고 가도 되냐고 물어봐서 괜찮다고 하면 간다.
   ③ 모르는 사람들이라도 상관없다. 가서 친해지면 되니까 무조건 간다.

2. 친구 결혼식장에 갔는데 꼬마 아이들 서넛이 고무줄 놀이나 카드
   놀이를 하고 있다가 같이 놀자고 조른다면 이럴 때 여러분은?

   ① 기껏 차려입고 간 옷이 더럽혀지거나 주름질까봐 걱정되서 무시하고
      그냥 지나친다.
   ② 잠깐 동안 같이 놀아주는 정도. 예를 들어 한 명 죽을 때까지 고무줄을
      잡아주는 정도만 한다.
   ③ 어릴 적 생각이 나서 나도 모르게 재밌게 같이 놀고 있다.

3. 회사에서 다른 직원의 일이 덜 끝나 내가 도와줘야 하는 경우가
   생겼다. 그래서 처음에는 좋은 의도로 일을 도와줬는데 자꾸만
   내 시간을 뺏기는 것같은 생각이 든다. 이럴 때 당신은?

① 남을 도와주는 건 내 의무이다. 얼마든지 내 시간을 쪼개서 도와줄 수
있다.

② 모나지 않고 둥글둥글 사는게 좋다. 일단 좀 도와주고 나중에 상황봐서
그 때 다시 한번 생각해 보겠다.

③ 내 시간도 소중하기 때문에 처음에 생각했던 것보다 더 많은 시간을 내
어줄 수는 없다.

4. 새로운 전자 제품이 발표되면 당신은 어떻게 하는 편입니까?

① 남들이 사용하는 거 보고 문제가 없어보이면 그 때 가서 사던가 한다.

② 꼼꼼히 살펴보고 결정한다. 나한테 정말 필요한 물건인지, 아닌지를 눈
여겨 본다.

③ 관심이 가는 제품이라면 일단 먼저 사서 써본다. 좋은지, 나쁜지 알려
면 직접 써보는 수밖에 없다.

5. 다른 사람들한테 내 자신이 어떤 사람으로 비춰지길 바라는가?

① 프로답고, 빈틈이 없고, 시간이 지나도 항상 변치 않는 모습을 가진 사
람으로

② 정의감이 넘치고 사명 의식이 뚜렷한 사람으로

③ 격식을 따지지 않고 유머가 많은 사람으로

6. 뭔가 새로운 것을 배우거나 자기계발에 시간을 투자하고 싶다는
생각에 대해서는?

① 지금까지 배운 걸로 충분하다. 더 이상 배워야 할 필요성은 못느낀다.

② 자기계발에 관심이 많은 편이다. 학원을 다니거나 관련 책들을 사서 본

적이 있다.

③ 새로운 걸 배우는 일은 언제나 즐겁다. 난 언제나 궁금한 것은 못참기 때문에 알아야 직성이 풀린다.

7. 살아가는데 제일 중요한 것은 즐거움과 나를 흥분시키는 일에 대한 도전이다. 여기에 당신은 어느 정도 동의를 합니까?

① 이 말에 절대 동의할 수 없다. 인생은 그렇게 단순한 문제가 아니다.
② 조금은 동의한다. 인생을 즐겁게 살면 좋긴 하니까.
③ 이런 생각은 무조건 환영이다. 살아가는 데 있어 가장 중요한 생각이다.

8. 어떤 일을 할 때 처음 생각했던데로 일이 안 풀리거나 다른 방향으로 가는 것 같아 답답하기만 할 때 당신은?

① 맥이 빠지기는 하겠지만 그래도 내 생각대로 계속 밀고 나간다.
② 주위에 도움을 받을만한 사람이 있는지 찾아보고 그 사람들과 함께 상의해서 어떻게 할지 결정한다.
③ 대세를 따른다. 방향은 언제든 변할 수 있는 거 아닐까.

9. 여러분은 지난 3년간 사람을 대할 때나 관공서를 가야 할 일이 생겼을 때 다음 중 어떤 모습이었나?

① 전보다 더 사람이나 관공서에 대해 회의적이 되었다. 일단 무조건 안믿고 시작한다.
② 믿어야 될지, 아닐지 반신반의하게 되었다.
③ 신뢰감이 더 생겼다.

10. 여러분의 미래를 좌우할 수도 있을만큼 중대한 결정을 내려야
할 시간이 온다면 최종 결정은 어떤 식으로 합니까?

① 감정은 철저히 배제하고 이성적으로 판단해서 결정한다.

② 감정과 이성 사이에서 흔들리기는 하겠지만 그래도 이성적으로 판단
하려고 노력한다.

③ 마음 가는대로 결정한다. 본능적으로 옳은 일이라고 판단되면 그대로
따른다.

11. 어느 날 우연히 세상 물정 모르는 꿈 많은 10대 청소년과 얘기
를 하게 되었다. 당신이 해주고 싶은 얘기는?

① 점잖게 타이른다. 빨리 꿈 깨라고! 현실에 대해 확실히 얘기를 해준다.

② 별로 간섭하고 싶지 않다. 자기 인생 자기가 사는거지 뭐.

③ 용기를 주고 격려한다. 아이들의 꿈과 상상과 끼를 이룰 수 있게 사람
들이 적극적으로 도와줘야 한다.

12. 쇼핑할 때 당신은 어떤 편인가?

① 브랜드를 먼저 보고 구입하거나 그게 아니면 계속 사용해 왔던 제품
만 산다.

② 한 브랜드만 고집하지 않고 어느 게 더 좋을지 판단해서 구입한다.

③ 새로 생긴 브랜드나 새로 나온 제품을 먼저 사서 써본다.

생각 나이별
특징

지금부터 위의 테스트를 바탕으로 각자의 생각 나이를 알아보자. 테스트 결과를 알아보는 방법은 아주 간단하다. 객관식 보기에서 1번을 택했다고 하면 1점, 2번을 택했으면 2점, 3번은 3점으로 해서 1번부터 12번까지 체크한 답을 모두 더하면 된다. 그럼 그게 각자의 젊음 지수(YQ)가 된다. 자신의 실제 나이와 한번 비교를 해보면서 나는 어디쯤 해당되는지 그리고 앞으로 어떻게 해야 하는지 다음을 보고 판단해보기 바란다.

젊음 지수 12~18일 경우 _노년에 해당하는 생각 나이 |

이 점수가 나온 사람들은 객관식 보기 중에 대부분 1번이나 2번을 택한 경우로 생각 나이만 놓고 따진다면 노년층에 해당한다.

실제 나이가 45세 미만인데 이 점수가 나왔다면 문제가 좀 심각하다. 평소에 완전 구닥다리 사람으로 비춰질 확률이 높다. 특히 30대 초반인데 이렇다면 친구나 동료들과 의사소통조차 힘들 수 있고 회사에서는 노친네 소리를 들으며 사는 경우이다. 그리고 30대 후반에서 40대 초반의 나이에 이 점수가 나왔다면 자신보다 뒤에 들어온 후배 직원들에게 추월당한 채 항상 제자리 걸음만 하고 있을 경우가 많다. 그리고 무엇보다 주위 사람들과 점점 멀어지면서 혼자 지내는 시간이 많아지고 성공한 인생과는 점점 더 거리가 멀어지는 것을 느끼게 된다.

그리고 45세 이상의 실제 나이에 이 점수가 나왔다면 잃어버린 젊음의 지혜를 되찾을 수 있는 마지막 시기라고 생각을 해야 한다. 더 이상 노화방지라는 말에 현혹되지 말고 지금부터라도 젊게 생각하는 법을 터득해야 한다. 같은 나이 또래끼리만 어울리려고 하는 성향이 더 강해지기도 하는데 과감히 변화를 주려고 노력해야 한다. 변화에 대한 두려움에 자신의 틀 안에서만 안주하려고 하지 말고 당당히 맞설 수 있는 자세가 필요하다.

젊음 지수 19~29일 경우 _중년에 해당하는 생각 나이 |

선택한 답들이 대부분 2번에 몰려 있거나 1번부터 3번까지 폭넓게 퍼져있는 경우로 중년의 모습으로 행동하고 생각하는 경우이다.

여기서도 45세 미만과 45세 이상으로 크게 나누어 살펴볼 수 있다. 먼저 실제 나이가 45세 미만이라면 아직도 마음속에는 젊음의 지혜가 남아있고 붙잡고 싶은 미련도 약간은 있다고 볼 수 있다. 하지만 사회적인 통념이나 주위 시선 그리고 고정 관념 등으로 인해 중년의 사고방식이나 감정, 행동을 보이는 경우가 많다. 그리고 심심치 않게 "내가 진짜 나이를 먹긴 먹었구나"라는 생각이 드는 일들이 많아지는 때이다. 처음에는 그러려니하고 넘어가겠지만 그 횟수가 점점 더 많아지면서 좌절감에 빠지기도 한다.

그리고 실제 나이가 45세 이상이라면 어느 정도는 자신의 실제 나이와 엇비슷하다고도 볼 수 있는데, 젊은 친구들을 보고 있으면 전혀 다른 나라 사람처럼 보이기도 하고 혼란스럽게만 보인다. 그래서 자기 또래의 사람들과 유대감이 더 강해지기 시작할 무렵이다. 그리고 40대 중, 후반부터는 나이를 한 살 더 먹어갈 때마다 마음속에서 뭔가 하나씩 자꾸 빠져나가는 듯한 허전함이 강해지는데 그건 안에 마지막으로 남아있던 젊음의 지혜가 하나 둘씩 떠나기 때문이다.

젊음 지수 30~36일 경우 _젊은이에 해당하는 생각 나이 |

답의 대부분을 3번으로 선택하고 한, 두 개 정도 2번을 선택한 경우로 아주 싱싱한 젊은 사고방식을 가지고 있는 경우이다.

실제 나이 45세 이하에 점수가 이렇게 나왔다면 젊은 생각 나이를 가지고 있는 것이라 생각하면 된다. 다행스럽게도 아직까지 젊음의 지혜를 만끽하며 산다고 볼 수 있다. 사회적인 변화를 두려워하지 않고 받아들이며 삶이 주는 모든 것들을 백분 활용해서 지내고 있는 사람이다. 이런 사람들은 보통 매사에 긍정적이며 에너지가 넘치고 다방면으로 재주가 많은 사람인 경우가 많다. 한마디로 젊음의 지혜 그 자체인 사람이다. 그렇다고 너무 자만하지 말고 앞으로도 계속 지금과 같은 젊은 지수를 간직할 수 있게 노력해야 한다.

실제 나이 45세가 넘는데 이런 점수가 나왔다면 세월에 얽매이지 않고 사는 사람이고 젊은 세대들과도 잘 어울려 지내고 자녀들과도 친구처럼 지내는 사람이다. 간혹 보면 나이가 60이 넘었는데도 젊은 사람 못지않게 창의성을 발휘하면서 사회의 변화를 선도해 나가는 사람을 접할 수 있다. 우리들은 이런 사람들이 어떻게 생각하고 행동하는지 유심히 볼 필요가 있다. 그 분들이야 말로 나이에 상관없이 젊음의 지혜를 영원히 간직하고 사는 사람들이다.

생각 나이의
참된 의미

앞에서 했던 젊음 지수 테스트는 단순히 젊게 보여서 기분 좋으라고 만든 게 아니다. 그리고 아마 대부분 젊음 지수가 생각보다 훨씬 적게 나와서 "내가 이렇게 많이 늙었나?"라고 의아하게 생각하고 있을게 분명하다. 많은 사람들이 중년의 생각 나이를 가지고 있거나 일부는 나이와 전혀 어울리지 않는 노년의 생각 나이를 가지고 있음을 알게 되었을 것이다. 그렇다고 너무 실망할 필요는 없다. 나만 그런 게 아니므로…. 인간은 누구나 흘러가는 세월만큼 생각도 같이 나이를 먹기 때문에 거꾸로 거슬러 올라가는 건 쉬운 일이 아니다.

하지만 인생을 남들과 다르게 살고 싶다면 거슬러 올라가려고 하는 노력이 있어야 한다. 여기서 생각 나이가 많다는 얘기를 통해 우리가 걱정해야 할 문제는 무엇일까? 간단히 요약해서 말하자면 생각 나이가 많아지면 그만큼 점점 더 세상과 단절되고, 스트레스를 받는 일이 더 많아지고, 점점 더 냉소적으로 변하면서 미래에 대해 비관적인 생각만 하게 된다. 그리고 무슨 일이든 극단적인 생각만 하게 되면서 주위에서 모두들 손가락질하는 트러블 메이커가 된다. 한마디로 실패한 인생 낙오자의 모습과 점점 더 가까워지게 된다.

생각 나이가 많은 사람들은 열정이라는 단어와는 담을 쌓고 살고 조금이라도 리스크가 있다고 생각되면 멀리하고 조용히 살고 싶다는 핑계를 대면서 살아가기 바쁘다. 자신의 영역에 조금이라도 새로운 게 들어오는 것을 극도로 싫어하고 원치 않는 일이 생기면 머릿속으로만 계산기를 열심히 두드린다. 또 꿈과 상상은 모두 부질없는 일이라 여기고 가능하면 처음부터 아예 가질 생각조차 하지 않는다. 친구를 새로 사귀는 일도 귀찮아하고 낯선 사람과 만나는 일도 어색하다고 멀리한다.

그리고 궁금증이나 호기심이 갈수록 없어져 간다. 어린 아이들을 보면 하루종일 엄마 곁을 졸졸 따라다니면서 "이건 뭐야?", "왜?, 왜? 왜 그런건데?"라는 말을 달고 살면서 어른들을 피곤하게 만든다. 하지만 커가면서 점점 더 그런 말들이나 생각을 하지 않는다. 노년층에 해당하는 생각 나이를 가지고 있는 사람들에게 가장 큰 문제점이 바로 이 호기심과 궁금증이다. 내가 무엇을 하고 있는지, 왜 해야 하는지 그냥 아무 생각없이 습관적으로 지내다가 결국은 "다 이유가 있으니까 그렇겠지. 신경쓰기도 싫고, 알고 싶지도 않아"라고 생각한다. 자기와 관련있는 일까지도 그렇게 생각을 한다.

마지막으로 될 수 있으면 감정을 숨기려고 하기 때문에 자기 자신을 억누르고 산다. 그래서 결과적으로는 아무리 기쁜 일이 생기더라도 웃으면 큰일 나는 것처럼 웃음마저 참고 산다. 마음껏 웃을 수 있는 일이 생겨도 웃음을 억지로 참아놓고는 나중에는 딴소리 한다. "요즘은 참 사는게 재미없어!"

정말 문제점이 많기도 하다. 젊음 지수가 낮게 나온 독자들은 지금까지 필자가 열거한 문제점들을 보면서 공감되는 부분도, 아닌 부분도 있겠지만 공감되는 부분이 많을수록 "나이들면 죽어야지"라는 극단적인 생각을 하는 독자도 있을지 모르겠다. 그렇게 극단적인 생각 자체도 생각 나이가 많은 사람들에게 나타나는 현상이다.

어쨌든 그냥 공감으로 끝나지 말고 앞으로 필자가 제시하는 방법들을 실행에 옮겨서 꼭 생각 나이를 한 살이라도 젊게 가지고 살기를 바란다. 그러면 실패보다는 성공이라는 말이 항상 앞에 수식어로 따라 다니는 사람이 될 수 있다.

젊음 지수가 높게 나온 사람들은 절대 안주해서는 안된다고 앞에서도 얘기했지만 한번 더 강조하는 의미로 짚고 넘어가자. 인간은 본능적으로 흐르는 세월만큼 생각도 나이를 먹게 되어있다고 말했는데 이 점을 항상 명심하고 있어야 한다. 순간적으로 방심했다가는 앞에서 말한 생각 나이가 많은 사람들의 문제점들이 100% 공감되는 날이 온다. 그렇기 때문에 항상 젊게 생각하려는 노력을 해야 한다.

지금까지 2장에서 말했던 내용을 짧게 요약하면 다음과 같다.

♠ 젊게 사는 법과 노화는 지금 시대의 주요 화젯거리이다.

♠ 보편적인 노화방지법은 극히 제한적이며 진정한 젊음을 간직할 수 있는 방법과는 동떨어져 있다.

♠ 젊음을 간직할 수 있는 가장 확실한 비결은 항상 마음가짐과 생각을 젊게 해서 시대에 뒤처지지 않게 살아가는 것이다.

♠ 젊음 지수를 측정해 본 결과를 통해 여러분이 현재 가지고 있는 생각의 나이를 알아봤다.

♠ 여러분 스스로 자신의 젊음 지수를 얼마로 하고 싶은지 목표를 정해야 한다.

앞으로 배우게 될 내용들은 다음과 같다.

♠ 젊음을 간직할 수 있는 여섯 단계를 알아본다. 즉, 젊음이 주는 지혜를 구체적으로 알아본다.

♠ 각각의 지혜들을 하나씩 차례대로 살펴보면서 우리가 얻을 수 있는 이점이 무엇인지 알아본다.

♠ 젊게 생각하고 살아가는 사람들은 정확히 누구인지 살펴본다.

♠ 간단하게나마 실생활에서 일어나는 예들을 가지고 비교해 본다.

자신을 변화시킬 준비가 되었으면 이제부터 출발해보자!

Six steps to staying younger and feeling sharper

You can
be as
young
as you
think

Youth Quotient **03**

변화
적응력

무척 더운 어느 여름날 한무리의 승객들이 날씨만큼 열을 내고 있었다. 승객들 대부분 중남미의 아름다운 해변에서 휴가를 보낼 생각을 하며 푸에르토리코 행 비행기를 한시라도 빨리 타고 싶은 마음에 들떠 있었다. 하지만 예상치 못한 항공사의 사정으로 비행기편이 취소되어 설레임들이 컸던 만큼 화가 머리 꼭대기까지 치밀어 오르고 있었다. 그리고는 삼삼오오 모여 항의도 해보고 대책 마련을 위해 이리저리 뛰어다니다가 흥분이 차츰 가라앉으면서 다음날 떠나는 비행기편으로 가자는 분위기로 흘러가고 있었다.

그 때 승객 중 한 사람이 자리에서 벌떡 일어나 사람들에게 "자, 이리 모여 보세요. 푸에르토리코까지는 비행기 값으로 1인당 39달러만 있으면 지금 바로 갈 수 있습니다."라고 소리 질렀다. 그 사람이 바로 유명한 리차드 브랜슨(Richard Branson, 괴짜 CEO로 잘 알려진 영국의 버진 그룹 회장)이었다. 그 역시도 실망한 승객들 중 한 사람이었지만 남들처럼 앉아서 넋놓고 기다리기보다는 2천 달러짜리 전세기를 하나 빌려서 가자는 생각을 했다. 거기 모였던 사람들의 머릿수대로 나눠서 일인당 39달러라는 계산이 나온 것이었다. 그 아이디어는 차후에 리차드 브랜슨이 항공사를 설립하는 시초가 된다.

여러분도 이렇게 할 수 있을까? 이런 행동을 보고 바로 변화 적응력이라고 한다. 생각 나이가 많은 사람들이 옹기종기 모여앉아 불평만 늘어놓고 있을 때 젊게 생각하는 사람은 "좋아, 어차피 벌어진 일, 대안을 한번 찾아보자!"라고 생각을 한다.

변화
적응력이란?

변화 적응력이라는 말은 삶의 변화와 기회에 대해 "얼마나 유연한 태도를 가지고 있는가"라는 말을 나타낸다.

어렸을 때부터 우리는 이런 말을 귀가 따갑게 들으며 살아왔다.

"흔들림없는 목표를 세우고 오로지 그 하나만 생각해라."

그리고 자신이 세운 목표 앞에 커다란 방해물이 나타나기 전까지는 그런대로 열심히 목표를 향해 달려나간다. 그러다가 뭔가 큰 변화가 벌어지는 일이 생기면 그때부터 모든게 흔들리기 시작하면서 처음에 세웠던 계획을 통째로 접는다.

그에 반해 변화 적응력은 목표에 대해 다른 접근 방식을 가지고 있다. 자신이 이루고 싶은 목표를 세우는 것은 똑같지만 현실적인 측면이 더 많이 고려되어야 한다는 점에서 다르다.

예를 들어 항로를 정해놓고 항해를 한다고 가정했을 때 바람에 따라 항로가 바뀔 수도 있지만 그렇다고 목표가 바뀌는 일은 없다. 그것처럼 변화의 바람이 분다면 억지로 저항하려 하지말고 오히려 그것을 이용할 수 있는 지혜를 길러야 한다. 그리고 다시 목표를 향해 항로를 재조정해도 된다.

변화 적응력을 기르기 위해서는 신속한 판단과 결정이 필수적이고 무엇보다 변화에 대해 개방적인 마인드를 가지고 있어야 한다. 요즘같이 변화가 심하게 일어나는 시대에 어울리는 개방적인 마인드가 필요하다. 변화가 너무 빠르게 일어나니까 때로는 "이게 뭐지?"라고 생각할 틈마저 없을 때도 많다. 그래서 지금은 자신의 주위와 사회에서 일어나는 변화를 누가, 얼마나 더 많이 감지하고 대처했는지에 따라 성공과 실패가 나뉘기도 한다.

불과 30~40년 전만 하더라도 일상 생활이 지금처럼 초스피드로 지나가지 않았다. 유선 전화는 극히 일부 부유층만의 전유물이었기 때문에 평범하게 살아가는 소시민들은 편지로 서로의 안부를 물을 수밖에 없었다. 편지를 부치면 상대방이 받기까지 3일에서 일주일 그리고 답장 편지를 쓸라치면 썼다, 지웠다 하면서 하루를 잡아먹고 다 쓰고 다음 날 답장 편지를 보내면 상대방이 받을 때까지 또 3일에서 일주일이 걸렸다. 멀리 떨어진 누군가와 안부를 물어보는 것조차 일주일이 넘는 시간이 필요할 만큼 사람들의 하루는 무척 더디게 흘러갔다.

하지만 지금은 어떤가?

이메일이나 메신저, 핸드폰 문자 등 보내자마자 바로 답장이 날라온다. 단, 1분 안에도 수많은 말들이 서로 오고간다. 그것도 모자라서 더 빠르게 주고받으려고 서너줄을 한 줄로 간단히 줄이기 위해 온갖 이모티콘과 약어를 쓰기도 한다. "ㅠㅠ", "ㅋㅋ", "ㅇㄷ?", "지못미".....

그럼 이번에는 사진과 관련된 추억을 한번 살려보자.

필름 카메라만 있었을 당시에는 필름 한 통을 다 찍고 나서야 사진관에 가서 사진 현상을 맡겼다. 그런데 새 필름을 사서 넣고 하루만에도 다 찍는 날도 있지만 어떨 때는 카메라 안에 필름이 들어있는지조차 까먹을 정도로 오래 되기도 한다. 그래서 사진을 찾고 보면 필름 한 통 안에 설날 때하고, 추석 때 찍은 사진이 같이 있는 걸 보기도 한다. 또 필름을 사진관에 맡긴다고 그 자리에서 바로 볼 수 있는 것도 아니고 또 며칠을 기다려서 찾아와야 했다.

그럼 요즘은 어떨까? 예전에 필름 카메라였을 때는 필름 한 통을 가지면 사진을 24장 밖에 못찍었지만 지금 디지털 카메라로는 그 열 배도 넘게 찍을 수 있고 사진관에 갈 필요도 없이 그 자리에서 바로 바로 볼 수 있게 되었다. 그뿐인가? 이제는 핸드폰 카메라로 찍어서 지구 반대편에 있는 친구들에게 보낼 수 있는 세상이 되었다.

그리고 서너 개에 불과하던 TV와 라디오 채널은 몇 개인지 세어보기 힘들 정도로 많아졌고 국내 뿐 아니라 외국 방송까지 쉽게 보는 세상이 되었다. 대형 마트에 진열되는 제품들은 보통 1년 사이에 5배 가량 그 가지 수가 많아진다고 한다.

이렇게 일상생활 속에서 우리는 생각보다 훨씬 더 큰 변화를 겪으며 살고 있고 의식주와 관련된 모든 것들이 굉장히 빠르게 변화하고 있다. 이런 세상을 살면서 "내일도 오늘하고 똑같겠지"라는 판단하에 목표를 정한다면 무슨 소용이 있을까? 변화라는 놈이 날리는 주먹을 멍청히 보고 있다가 한 대 맞고 기절하지 말고 순간적으로 피할 수 있는 순발력을 길러야 한다. 그런 순발력 즉, 변화 적응력이야 말로 현대를 살아가는데 있어 가장 큰 필수 요건이다.

생각 나이가 젊은 사람들도 나이가 많은 사람들처럼 목표를 세우는 일이 얼마나 중요한지 알고 있다. 다만 차이점이 있다면 변화라는 놈과 맞부닥치게 되었을 때 당황하지 않고 대안을 빨리 생각해 낸다는 점이다. 화를 내고 짜증을 낼 시간에 그들은 "걱정할 시간에 계획이나 다시 세우자!"라고 생각한다. 생각 나이가 젊은 사람들은 변화가 필요한 시간을 오히려 더 즐거하며 잘 이용하면 성공적으로 건강과 부와 성취감을 이루어 낼 수 있는 기회라고 여긴다. 반면에 그렇지 못한 사람들은 일관성과 안정만 생각하고는 더 중요한 모든 것들을 모두 포기하고 산다.

새로운 것을 받아들이자

필자부터 마찬가지지만 모든 사람들이 자신은 오픈 마인드(Open mind)를 가지고 있고, 새로운 것에 대해 늘 관심이 많다고 생각한다. 또 자기 자신은 최첨단을 걷고 있고, 세계에서 무슨 일이 일어나고 있는지 항상 눈여겨 보고 있으며 많은 사람들의 이목을 집중시키는 신제품에 대해 관심이 많다라고 생각을 한다. 특히 30대에 접어들면서 그런 생각이 더 심해져서 실제 행동과는 반대로 생각만 그렇게 하는 습성이 더 강해진다.

하지만 앞서 나왔던 통계자료에서 봤듯이 대부분의 사람들은 자기만족이라는 착각 속에 빠져 살고 있다. 진짜 젊은 친구들만이 새로운 것에 대해 관심을 가지고 있음을 알 수 있다. 여기서 자료를 다시한 번 보도록 하자.

구분	15~ 17세	18~ 24세	25~ 34세	35~ 44세	45~ 54세	55~ 64세	65세 이상
나는 언제나 새로운 것에 대한 호기심을 느낀다.	68%	66%	46%	39%	35%	32%	19%

출처 Sociovision 3SC UK, 2005

통계치를 유심히 보면 새로운 것에 대한 열정이 예상보다 훨씬 이른 나이부터 사그라짐을 알 수 있다. 대학교를 졸업하고 사회에 첫발을 내딛으면서 어른 행세를 하기 시작할 때부터 사람들은 모두 본격적으로 머릿속이 진부해지기 시작한다. 난 아니라고 자신하지 말기를 바란다. 우리 모두에게 해당된다.

이번 장이 특히 중요한데, 여러분이 변화 적응력과 변화가 주는 즐거움들을 만끽하려는 마음가짐만 갖는다면 뒤에서 배우게 될 나머지 젊음의 지혜들도 쉽게 터득할 수 있다. 그리고 이번 장을 통해 자신을 변화시키는 일이 쉽지 않다고 느끼게 되면 나머지 장들은 더 어렵게만 생각될 것이다.

변화 적응력을 어렵게 받아들일 필요가 없다. 단순하게 생각하면 된다. 계획을 따라 행하는데 있어 좀 더 직관적으로 대처하고 발빠르게 대안을 내어 놓으면 그게 바로 변화 적응력이 된다. 변화가 얼마나, 어떻게, 언제 들이닥칠지 정확히 알 수는 없다.

하지만 우리가 분명하게 인식하고 있어야 하는 점은 나이가 들수

록 가지게 되는 진부한 생각에 빠져서 젊음이 주는 지혜를 잃어버리
게 되면 변화를 이용하기는 커녕 변화에 대응하지 못하고 실패를 겪
게되는 일만 있을 뿐이다. 앞에서 말한 것처럼 난 아직도 젊게 생각
한다는 자기만족에 빠져 살게 되면 주위 사람들만 피곤하게 만든다.
그리고 결국은 자신만 손해를 받게 되고 현 사회에서 성공할 수 있는
기회를 원천적으로 틀어막는 지름길이 된다.

　지금 여러분의 나이가 30대이든, 40대이든 변화 적응력을 키우는
일은 크게 어려운 일이 아니다. 1장에서도 말했듯이 사고방식만 약
간 바꾸면 된다. 그래서 젊음 지수가 높게 나올 수 있게 되면 젊음의
지혜를 되찾을 수 있다. 그러기 위해서는 행동이나 생각을 얼마나 적
극적으로 바꾸기 위해 노력하는가에 달렸다.
　자신을 변화시키는 일이 결코 쉽지는 않겠지만 성공과 실패를 가
름할 수 있는 중요한 요소라고 여긴다면 어떠한 어려움도 극복해 내
야 한다.

변화를
거부하지 말자

　진부하게 생각하는 습성은 언제, 어디서나 변화 앞에서 강하게 저

항을 하기 마련이다. 그러다가도 안되면 그 때는 아예 무시를 한다. 그런 습성을 가진 사람들은 항상 변화를 두려운 존재로 받아들이고 편안함을 앗아가는 존재이며 귀찮게 노력을 해야하는 존재로 생각한다. 또 긴장 상태에 돌입해서 개인적인 리스크까지 감수해야 하는 상황으로만 받아들이기 때문에 안좋은 결과만 미리 생각을 하고 겁을 먹는다.

그래서 그런 부담들 때문에 변화가 가져다 주는 이점들이 무엇인지 알면서도 그냥 그 자리에 머무르고 싶어한다. 어찌보면 당연한 일일지도 모른다. 변화를 쉽게 받아들이기보다는 변화 때문에 충격을 넘어 공항상태에 빠지기도 하는게, 인간이기 때문에 우리 모두가 넘어야 할 벽일 수도 있다.

만약에 필자가 여러분을 잘 알지도 못하고 가본적도 없는 그런 곳에 떨어뜨려 놓는다면 차 안에서 브레이크 페달을 꾹 누른채 두리번거리면서 당황스러워 할 것이다. 브레이크에서 발을 천천히 떼고 아무리 낯선 곳이라도 흥미를 가지고 천천히 둘러보는 일도 재밌고 흥미진진한 볼거리도 많을텐데 말이다. 하지만 불행하게도 생각 자체가 진부한 사람들은 절대로 브레이크 페달 위에서 발을 떼지 않는다.

그런 사람들 머리 속에는 다음처럼 딱 두 가지 안좋은 결과만 있을 뿐이다.

첫 번째는 처음에는 어리둥절해하면서 자기가 그동안 익숙하게 봐

왔던 주위 환경과 너무 달라 어떻게 해야지라고 갈팡질팡하다가 화
만 내게 된다. 그리고 이런 사람들은 평소에도 젊은이들의 행동이라
면 무조건 손가락질을 하거나 혀만 차는 경향이 있다. '나이가 어리
면 어쩔 수 없어'라고 생각하는 선입견은 시대에 뒤처져가는 자신을
발견하는 일이 많아지거나 육체적으로 젊었을 때보다 힘이 딸리는
일이 많아질 때 생기는 나이만 많은 사람들의 못난 생각이다.

하지만 우리가 살고 있는 지금 현 시대는 더 이상 그런 선입견이
먹혀들지 않는 시대가 됐다. 그 어느 때보다 어린 나이에 성공을 이
루는 10, 20대들이 많기 때문에 나이만 많다고 대접받을 수 있는 시
대가 아니다. 또 나이 많은 사람들이 무조건 10대, 20대들을 사회적
으로나 도덕적으로 무시하거나 배제하고 살 수 있는 시대도 아니다.
이제는 나이와 상관없이 진부한 생각만 고집한다면 무시당하고 사는
길뿐이다.

두 번째 결과는 진부하고 고리타분한 생각에 사로잡혀 사는 사람
들은 재미와 만족이라는 걸 모르고 살게 된다. 변화를 거부하면 변화

때문에 생기는 좋은 점을 가지지 못하고 그리고는 자기 주위에 있는 사람들이 즐겁게 사는 모습을 보면 배만 아파하고 그러면서 화만 자꾸 낸다.

변화 적응력이
가져다 주는 좋은 점들

그렇다면 변화 적응력을 길렀을 때 생기는 좋은 점들은 무엇일까? 단순히 앞에서 말한 나쁜 결과 두 가지만 막아주는 역할을 할까?

그렇지는 않다. 무수히 많은 이점들이 있는데 그 중 몇 가지만 소개하면 다음과 같다.

♠ 현실적이고 고정관념에 얽매이지 않는 계획을 세울 수 있다.

♠ 변화를 두려워하기보다는 좋아한다.

♠ 새로운 상황에 임할 때는 흥미를 가지게 된다.

♠ 일을 처리할 때 조화를 이룬다.

♠ 안주하려는 생각에서 과감히 벗어나 새로운 경험들을 쌓으려는 면이 많아진다.

♠ 실패하면 어떻게 하나라는 걱정으로 머뭇거리는 소극적인 면이 사라진다.

♠ 너무 낡고 오래되 일하는데 있어 도움이 전혀 안되는 생각들을 버리고 혁신적이고 창의적인 생각들을 가질 수 있게 된다.

♠ 이성과의 유대관계가 좋아진다.

♠ 본인도 몰랐던 숨겨진 재능을 발견한다.

♠ 자신의 아이들과 더 친밀한 관계를 가질 수 있다.

♠ 무엇보다 살맛난다는 얘기를 할 수 있다.

　변화 적응력이 주는 위와 같은 좋은 점들을 살리기 위해서는 다음처럼 행동해야 한다.

　① 안주하고픈 마음을 과감히 버릴 줄 알아야 한다.

　② 자신에게 중요하다고 생각되는 가치관들을 다시 생각해봐야 한다.

　③ 세 가지의 변화 적응력

이런 행동들을 하나씩 살펴보도록 하자.

안주하고픈 마음을
과감히 버릴 줄 알아야 한다

　편안함에 익숙해져 안주하는 것들이 있다면 하루라도 빨리 벗어나려는 변화를 가져보는게 좋다. 원래 걱정은 하면 할수록 두려움만 더 생기는 법이다. 너무 걱정만 하지말고 변화를 즐기려고 하면 할수록 재미를 느끼는 날이 오는 법이다. 일상 생활에서 작은 것 하나부터 변화를 주기 시작하면 나중에는 인생을 좌우할 수 있는 커다란 변화도 아무런 거리낌없이 즐기고 있는 자신을 발견할 수 있게 된다.

현재 나이가 몇 살인지는 중요치 않다. 실제 나이는 20대이면서 생각은 40대 같은 젊은이도, 난 아직 젊다고 자기만족에 빠져 사는 30대이든, 나이 먹는 것에 둔감해져서 내 나이에 어쩔 수 없다고 생각하는 40대이든 상관없다. 그 누구이든 빠르게 변화하는 사회에서 성공하고 싶다면 자신 안에 숨어있는 젊음의 지혜를 일깨워야 한다. 그러기 위해서는 무엇보다 편안하게 느껴지는 안전지대 속에서만 지내려고 하면서 그게 무너지면 '어떻게 하지'라는 두려움을 벗어내야 한다.

지금부터 여러분이 마음속으로 편하고 친숙하게 담고 있는 고정관념들이 무엇인지, 세상이 얼마나 빠르고, 많이 변하고 있는지를 외면한 채 우리는 과연 어떤 착각 속에서 살고 있는지 알아보자.

♠ 내 생각과 말은 언제나 옳은 편이라고 스스로 위안을 하는 마음. 그래서 내가 옳다고 판단되면 그때는 얼마든지 변화를 맞이할 수 있다는 생각

♠ 내 방식이 항상 정답이라고 믿는 생각

♠ 다른 사람보다 내가 더 낫다고 믿는 생각(다른 사람보다 더 성공했고, 다른 사람보다 더 지위가 높고, 다른 사람보다 더 매력적이다)

♠ 옛날 방식의 재산과 사회 계층, 교육에 대한 진부한 믿음

♠ 직장과 가정에서의 지위와 권위가 중요하다고 믿는 생각

♠ 집 크기와 차의 종류에 따라 잘살고, 못사는지를 판단할 수 있다는 생각

♠ 검증을 거친 방법은 실패가 없다는 믿음

♠ 나이가 어리면 아직은 배워야할 게 많을 뿐이고 쓸만한 생각은 없다는 믿음

♠ '나이가 들수록 더 현명해진다' 라는 말

♠ 변화를 피하면 최소한 나쁜 일은 생기지 않는다는 확신

안전지대를
넓혀보자

편안함만 추구하는 생각은 자극적이고 맛있는 패스트푸드를 먹는 것과 같다. 먹을 때는 맛있고 좋기만 하지만 나중에는 동맥경화에 걸리거나 균형있는 영양분 섭취가 이루어지지 못해 건강에 문제가 생긴다. 지금부터 우리 모두가 무의식적으로 편하게 생각하려고만 하는 습관에서 벗어날 수 있는 방법을 알아보자.

♠ 평소와 다른 것들을 접하면 무조건 '안돼!', '아니야!' 라는 말부터 하지 말고 '왜?' 라는 궁금증을 가져보려고 해보자.

♠ 새로운 상황에 직면하면 평소처럼 아무 생각없이 하지 말고 다른 해결 방법은 없는지, 더 좋은 방법은 없는지 찾아보자.

♠ 자신의 생각만 고집하지 말고 다른 사람의 말과 행동에서 좋은 점이 있는지

눈과 귀를 좀 더 활짝 열어놓자.

♠ 나이와 지위에 상관없이 궁금한 게 있으면 물어봐라. 아마 자신도 깜짝 놀랄만 큼 많은 것들을 배우게 될 것이다.

♠ 내가 잘못한 건 아닌지 항상 되새겨보자. 겸손해지려는 노력이 필요하다.

♠ 자신과 다른 방식으로 일을 하는 사람을 보면 좋은 쪽으로 생각을 하려고 해 보자.

♠ 다른 사람에 대한 믿음을 더 많이 가지려고 하자. 그 사람이 처음부터 악의적인 생각을 가지고 있었는지 아니면 원래 멍청했는지를 알려면 시간이 필요하다.

♠ 신문과 잡지, TV를 많이 접하자. 우리나라 뿐만 아니라 다른 나라 사람들은 어떻게 살아가고 있는지 알아야 한다.

인간이 안락함을 추구하는 것은 뗄레야 뗄 수 없는 본능과도 같지만 안락함에 너무 빠져들면 '말하는 인형' 처럼 살아간다. 말하는 인형이 되기보다는 변화를 가지려고 노력을 해야 자신이 원하는 꿈에 더 쉽게 다가설 수 있고 그 와중에 흥미진진한 일들이 더 많이 벌어지기도 한다. 지금 당장이라도 밧줄에 매달려 간신히 살아가는 인생에서 벗어나 힘차게 날아 오를 수 있게 준비를 하자.

내게 소중한 것은
무엇인지 다시 생각해보자

필자가 지금까지 얘기한 주된 요지는 여러분들의 관점과 가치관, 마음 자세 등을 새롭게 가다듬어서 새로운 행동 방식을 가지고 변화된 모습을 보여야 사회에서 인정받고 성공할 수 있다는 내용이었다.

필자가 말하는 변화 중에는 의미심장하게 다가설 수 있는 내용도 있을 것이고, 또 그 중 일부는 별로 공감되지는 않지만 한번쯤 생각해보게 만드는 것들도 있을 것이다. 그것도 아니면 독자 나름대로 재해석을 해서 받아들여야 하는 것도 있다. 일단 먼저 자신이 소중하다고 여기고 있는 것들에 대해 다시 한번 생각을 해서 그 우선순위를 바꿔보는 일을 해보자.

살면서 내가 중요하게 생각하는 일은 무엇인지, 이것 하나만큼은 변하지 않겠다고 생각하고 있는 건 무엇인지 그리고 그게 맞는지 지금부터 한번 같이 살펴보도록 하자.

자신이 소중하게 여기는 가치관이나 살면서 중요하다고 느끼는 것들은 무엇인지 다음에 필자가 제시한 것들 중에서 열 개만 뽑아보기 바란다. 너무 순간적으로 생각하지 말고 솔직하게 자신이 평소 가져왔던 생각들을 바탕으로 선택해야 한다. "멋있게 보이려고, 속물처럼 보일까봐, 나이들었다고 할까봐"하는 그런 생각으로 선택하는 일이 없기를 바란다.

CHOICE !

☐ 이름을 남기고 싶다	☐ 책임감	☐ 남들이 하지 않는 일에 대한 도전
☐ 봉사심	☐ 가족	☐ 개방적인 마인드 ☐ 자기계발
☐ 계획성 있게 살기	☐ 명예	☐ 충성심 ☐ 기쁨
☐ 안정적인 노후 설계	☐ 자유	☐ 추억 ☐ 자율
☐ 개인 사업	☐ 현재	☐ 최고가 되는 것 ☐ 성취감
☐ 양보다 질	☐ 정의감	☐ 재미 ☐ 인정받는 사람
☐ 내 소유의 상가 건물	☐ 희생	☐ 믿음 ☐ 선한 마음
☐ 종교	☐ 친절함	☐ 행복 ☐ 존경
☐ 기부	☐ 정직	☐ 의무 ☐ 건강
☐ 지식	☐ 시민 의식	☐ 관습 타파 ☐ 치안
☐ 평등	☐ 자제심	☐ 경쟁력 ☐ 독립심
☐ 환경 보호	☐ 자긍심	☐ 일관성 ☐ 솔선수범
☐ 자발적인 사람	☐ 협동심	☐ 집중력 ☐ 신앙심
☐ 관리력	☐ 정의	☐ 공평함 ☐ 단정함
☐ 문화	☐ 유머감	☐ 전통 ☐ 인맥
☐ 리더십	☐ 신뢰감	☐ 배려 ☐ 배움
☐ 열정	☐ 사랑	☐ 승리 ☐ 탁월함
☐ 애국심	☐ 지혜	☐ 자산(돈) ☐ 자선 활동
☐ 임기응변		

열 개만 고르라고 하면 어떤 사람은 쉽게 고르는 반면 또 어떤 사람은 굉장히 어렵게 고른다. 솔직히 위에 나온 단어들 중 버릴게 하나도 없다. 전부 가지고 싶은 것들 뿐이다. 내가 무엇을 위해 살고, 무엇 때문에 사는지를 대변해 주는 단어들이다.

여러분이 각자 고른게 정말 자신에게 가장 소중하다고 생각되는 것들인지 다시 한번 확인해 보고 맞다면 각자 고른 것들을 가지고 우선순위를 매겨보자. 이것 또한 만만치 않은 일이 될 수 있다. 가장 소중하다고 생각되는 걸 뽑는 것도 어려운데 그걸 또 중요한 순서대로 우선순위를 매겨야 한다니….

이렇게 하는 이유는 각자 만들어 놓은 리스트 중에서 바뀌어야 할 것이 있는지 스스로 느끼게끔 하고 싶어서이다. 여러분이 뽑아 놓은 리스트에 따라 변화에 대한 마인드를 어느 정도 새롭게 가져야 하는지 그리고 젊음의 지혜를 어떻게 활용해야 하는지 알 수 있다.

만약 이 책을 읽는 도중이라도 젊음의 지혜가 왜 필요한지 그 이유를 알게된다면 책을 다 읽을 무렵에는 여기서 뽑았던 리스트가 전부 새로운 단어들로 바뀌어 있을 것이다. 그렇다고 지금 각자가 소중하다고 느끼는 것들이 중요하지 않거나 틀렸다는 말은 절대 아니다. 현재의 사회에서 성공하기 위해서 조금 더 필요하고 조금 더 중요한 것들로 바꾸라는 말이다.

어떤 사람이 다음처럼 중요한 열 가지를 가지고 리스트를 만들어

났는데 같이 한번 보자. 아마 여러분들이 뽑은 것과 상당히 많이 다를 수도 있겠지만 어차피 정답이 있는 문제가 아니므로 무시하고 한번 보도록 하자.

리스트 안에 있는 것들 모두 긍정적이고 가치있는 것들이다. 그 안에 있는 내용들만 놓고보면 이 사람은 선량하고 친절함을 중요시 하는 소시민이라는 생각이 든다. 그리고 주변 사람들한테 따가운 시선을 받는 걸 싫어하는 사람이라고도 볼 수 있으며, 의미있는 삶을 살고 싶어하고 그냥 평범하게 사는게 목표로 보이기도 한다.

하지만 필자가 이 책을 통해 말하고자 하는 주제와는 약간 거리가 멀어 보이는 사람이다. 앞에서도 말했지만 위와 같은 가치관이 틀렸다는 말은 절대 아니다. 단지 현 시대를 살아가기 위해서는 다음처럼 변해야 한다는 게 필자가 하고 싶은 얘기이다. 요즘은 선하게 사는 것과 행복하게 사는 것은 분명히 다르고 행복의 의미도 과거와는 많이 달라졌다는 건 독자 여러분도 동의할 것이다.

만약 위에 나온 사람이 젊음의 지혜를 다시 찾게 되면 리스트가 다음처럼 바뀌게 될 것이다.

몇 가지는 처음과 같지만 위의 리스트처럼 '재미'나 '개방적인 마인드'의 중요성이 점점 더 커지게 된다. "젊음의 지수를 어떻게 하면 높일 수 있을까"라는 생각이 들기 전까지는 '재미'나 '개방적인 마인드'와 같은 요소는 절대 상위 열 개 안에 들어가지도 못할 것이고 20위, 30위 안에도 못들어 갈 것이다.

지금부터 각자 뽑은 리스트를 가지고 같이 한번 생각해보자. 혹시 자신이 정해놓은 리스트안에 '일관성'이나 '충성심'이 있다면 언젠가는 '자발적인 행동'이나 '유머감'으로 바꿀 수 있어야 한다. 여러분 자체를 완전히 일순간에 전부 뜯어 고치기는 힘들다. 하나씩 하나씩 고쳐나가야 하고 어떤 점은 영원히 고쳐지지 않을 수도 있다. 그럼 무엇부터 고치는 게 좋을까? '일관성'이나 '충성심' 또는 앞에서 예를 들었던 사람이 가졌던 리스트들에서 필자가 바꿔야 한다고 했던 부분들을 왜 언급했을까?

그것들의 공통점은 사회적인 통념이나 다른 사람들의 시선과 관계된 것들이다. "내가 이러면 남들이 무슨 생각을 할까?", "사회에서 나를 어떻게 바라볼까?"라고 생각하는 부분들부터 먼저 고쳐나가야 한다는 말을 하기 위해서이다. 여러분들이 뽑은 리스트에서 그런 부분들이 있는지 한번 체크해보기 바란다. 절대 바꿀 수 없는 자신만의 가치관인지 아니면 비슷한 또래들 대부분이 가지고 있는 생각이나 행동을 아무 생각없이 답습하고 있는 건 아닌지를 깊이 생각해 봐야 한다.

그리고 또 한가지 당부하고 싶은 말은 자신이 만들어 놓은 리스트 중에서 시대가 변해도 변하지 않아야 하는 것들이 분명히 있다. 그렇기 때문에 그런 것 자체를 바꾸라는 말이 아니고 시대에 맞게 생각을 하라는 말이다.

지금 시대는 그 어느 때보다 더 포괄적이고, 더 상대적인 세상이 되었다. 예를 들어 우리가 학교에서 배웠던 도덕과 윤리의 절대적인 개념을 성인이 되어서도 그대로 똑같이 가지고 산다면 아마 어떤 사람을 말하는지는 여러분 모두 잘 알 것이다. 우리 주위에 간혹 그런 사람들이 있으므로…. 자신만의 세계에 갇혀서 답답해 보이는 그런 사람들. 물론 예전에는 그렇게 독불장군처럼 외골수로 살아가는 사람들이 성공하기도 했지만 이제는 그런 시대는 지나갔다.

지금부터 여러분이 간직하고 있는 가치관들을 훼손시키지 않고 시대에 맞게 바꾸려고 노력을 하자. 또 정말 아무 생각없이 "남들이 하니까", "이렇게 하는게 정답이라고 배웠으니까"라는 생각으로 가지고 있는 가치관이 있다면 뒤집어보자.

세 가지의
변화 적응력

변화 적응력은 말처럼 그렇게 거창한 것만은 아니다. 일상생활 속에서 무엇을, 어떻게, 누가라는 관점만 가지고 접근하면 된다. 먼저 무엇이라는 관점은 여러분이 가지고 있는 계획이 너무 거창하고 웅대해서 먼 훗날에나 가능한 일이라고 한다면 지금 바로 쉽게 이룰 수 있고 손을 뻗으면 잡을 수 있는 계획을 가지고 살 수 있게 변해야 한다. 인생을 너무 무겁게만 생각하지 말고 가볍게 생각하는 쪽으로 한번 바꿔보자.

두 번째 어떻게라는 관점은 어떤 일을 결정할 때 너무 깊게 생각해서 결정내리려고 하지말고 10대 때처럼 마음에 들면 일단 한번 일을 저질러봤던 그 때로 돌아가는 것이다. 그렇다고 설마 필자가 이렇게 얘기했다고 해서 일부 10대들처럼 불량 써클에 가입해서 동네 애들한테 돈을 뺏으러 다니는 독자는 없길 바란다.

마지막으로 누가라는 관점은 여럿이 모여 팀을 이루며 일을 할 때 맡게 되는 각자의 역할과 책임에 관한 얘기이다. 사회생활을 하기 시작하면서 제일 먼저 배우는 것 중 하나는 책임지는 일에서 어떻게 하면 빠져나갈 수 있을까 이다. 그 다음에 직급이 올라가면 누구에게 책임을 떠넘길까 궁리하는 것이다. 동시에 어떻게 하면 쉬운 업무를 맡을까, 이 업무를 누군한테 떠넘길지부터 생각한다.

어렸을 때로 돌아가서 생각해보자. 그런 걱정을 하면서 친구들과 어울린 적이 있었는지 생각을 해보자. 기성세대들이 그런 행태에 빠져 허우적거리고 있을 때 10대, 20대 CEO들도 과연 똑같은 방식으로 일을 처리해서 그 자리에 오를 수 있었을까를 생각해 봤으면 좋겠다. 그리고 누가라는 관점에 또 하나 포함시켜야 할 부분은 남자니까, 여자니까라고 생각하는 고정관념이다.

지금까지 얘기한 세 가지 변화 적응력은 각자가 품고 있는 구태의연하고 진부한 가치관들을 새롭게 바꿔 줄 수 있는 도우미들이다. 이 세 가지는 모두 10대에서 20대 초반까지 우리 모두가 철이 없었다고 생각했던 당시의 생활 방식이다. 그렇기 때문에 애써 힘들게 배워야 할 필요도 없이 그 때로 돌아가려는 노력만 있으면 된다. 사는게 너무 고달프고, 재미없다고 느껴진다면 여러분의 마음 깊숙한 곳에서 잠자고 있는 그 때의 기억들을 되살려보자. 그리고 철이 없다고 혼나기만 했던 그 때의 생각들을 다시 한번 펼쳐보자.

인생을 가볍게 하자 |

우리는 어느 순간부터 이런 말들을 입에 달고 살기 시작한다.

"마음 같아서는 다 때려치고 싶은데 그러지도 못하니 더 짜증나네"
"회사에서 짤리면 뭐 먹고 살지?"
"골치 아파 죽겠다. 이럴 땐 어디 가서 시원하게 바람 좀 쏘이면서
  쉬다 왔으면 좋겠는데…."

나이가 많건, 적건 할 것 없이 우리 대부분 이런 생각들 때문에 주름살만 더 늘어가는게 아닌가 싶다.

잃어버릴 게 없다

흔히들 잃어버릴 게 많은 사람일수록 변화를 두려워한다고 말한다. 그래서 회사에서는 중간 관리자급만 되어도 일을 하기보다는 자리 지키기에 급급해 하면서 대부분의 시간을 보낸다. 또 부유층이 사는 동네일수록 님비 현상(Not in my back yard – 원자력 발전소, 쓰레기장, 하수처리장, 화장터, 장애시설, 탁아보호소, 노인의 집 등 "어딘가에는 있어야 하는 시설이지만 우리 지역은 절대 안된다"라고 주장하는 현상을 뜻하는 말로 말하는 현대 사회의 지역 이기주의를 나타내는 말이다)이 더 심하게 벌어진다.

이렇게 잃을게 많아서 쩔쩔매는 사람들이 있는가 하면 또 우리 주위에 간혹 보면 어느날 갑자기 회사를 때려치고 세계 여행을 떠나거나 어학연수를 받으러 떠나는 사람들도 있다. 이들의 차이가 뭘까? 그건 잃는걸 두려워하지 않는 사람이거나 잃을게 없다고 생각하는 사람이거나 둘 중 하나이기 때문이다.

20대 초반까지만 해도 우리 모두는 내일을 걱정거리의 대상만으로 생각하지 않았다. 어느 정도 미래가 두렵기는 했어도 희망이 더 많았고 선택의 폭도 더 넓었었다. 그런 시절에 간직했던 젊음의 지혜에서는 오늘을 무의미하게 잃어버릴까 그게 더 걱정스러웠다. 또 변한게 하나도 없는 오늘과 똑같은 내일을 매일 맞이하면 결국은 미래를 잃어버린다고 생각했었다.

변화를 거부한 채 오늘을 꼭 붙잡고 매달리면서 살아가는 사람에게는 결코 내일이라는 말은 오지 않는다. 내일도 오늘처럼, 모레도 오늘처럼, 내년도 오늘처럼 될 것이다. 그러면서 오늘과 내일이 똑같지 않고 "오늘 가졌던 걸 내일 잃어버리면 어떻게 하지?"라는 두려움과 걱정만 쌓이게 된다. 어떤 변화도 거부한 채 하루하루를 살아간다면 그건 곧 과거 속에 미래를 파묻고 사는 것과 마찬가지이다.

성공적인 미래를 부르기 위해서는 무엇보다 잃는 것을 두려워해서는 절대 안된다. 앞에서 얘기했던 것처럼 우리들 마음속에 아직까지 남아있는 어린 시절의 기억을 떠올려서 그 때 가졌던 생각을 다시 가져야 한다. 가진게 없기 때문에 잃을 것도 없는 게 아니라 현재 가지고 있는 것을 내일 똑같이 가지고 있을 수 없기 때문에 잃을게 없다고 생각을 해야 한다. 그런 전제 조건하에 여러분의 인생 계획을 다시 한번 설계해봐야 한다.

잃는 게 두려워서 어떻게 하든지 지키려고 하는 사람과 가진 걸 전부 내놓고 도전을 하는 사람 중 성공하는 사람이 어느 쪽에 더 많은지 굳이 얘기를 안해도 잘 알고 있을 것이다. TV나 신문에서 부자가 된 사연을 말하는 사람들은 한결같이 수도 없이 실패했던 경험들을 얘기한다. 아버지한테 재산을 물려받아 돈을 번 사람이 아니고서는 단 한번에 돈을 엄청나게 벌었다는 사람은 거의 없다. 현 시대에서 성공한 사람들의 공통점은 도전을 즐기고 실패 속에서 교훈을 찾으려고 하는 사람들이다.

잃어버릴 게 없다는 식의 접근 방식은 기업체 안에서도 나타나고 있다. 창조를 위한 파괴나 과거의 성공을 깡그리 무시한 채 초심으로 돌아가 잃어버릴 게 없다고 생각하고 새로운 프로젝트를 진행한다. 돈이 무지하게 많은 기업체들도 이렇게까지 하는데 왜 여러분은 못할까? 그런 회사들보다 통장 잔고가 더 많아서? 아니면 더 큰 빌딩에 살고 있어서?

변화에 대한 두려움 때문에 걱정만 하고 살아가는 모습 말고도 나이를 먹을수록 더 심해지는 것 중 하나는 조금이라도 새로워 보이는 것들을 마주하는 일에 귀찮아 하는 귀차니즘이다. 매일 똑같은 시간에 일어나 출근해서 일을 마치고 집에 돌아와 잠들 때까지 어제와 다른 경험을 얼마나 했는지 한번 생각해보자.

하다못해 식당에 가서도 매일 똑같은 메뉴 두세 가지 정도 안에서 고를게 뻔하다. 간혹 가족이나 친구들이 인도 요리, 태국 요리, 멕시코 요리 등 좀 특이한 걸 먹으러 가자고 해도 안간다고 버티거나 마지못해 가서는 계속 투덜대다가 분위기 깨고 나오는 경우도 있다. 그런 사람일수록 휴가 때마다 놀러가는 곳이 매번 비슷하고 놀러 가서도 집과 직장에 있을 때처럼 똑같이 시간만 떼우면서 멍하니 있다가 돌아온다.

생각 자체가 나이를 먹은 사람들은 매일 똑같이 반복되는 생활 습관에서 조금만 벗어나도 엄청난 걸 잃어버린다고 생각을 한다. 지금 당장 손에 쥐고 있는 걸 모두 내려놓고 커다란 변화를 맞이하는 게 자신이 없다면 일상생활에서 겪는 아주 작은 일부터 새로운 것들을 경험해보려는 시도를 해봐야 한다.

자꾸 귀찮다는 핑계를 대면서 친숙한 환경과 익숙한 습관 속에서만 머무르려고 하지 말자.

뿌리를 내리려고 하지 마라

다시 옛날 어렸을 때 기억을 되살려보자. 어렸을 때는 계획이라는 것 자체가 심각하지도 않았고 아주 오랜 시간이 걸려야 이룰 수 있는 것도 아니었고, 시대에 뒤쳐지지도 않았었다. 그맘때는 어떻게 하면

빨리 그리고 쉽게 이룰 수 있는지에 초점을 맞춰 가능한데로 자유롭
고 가볍게 목표를 정했다.

매일 최소한 한가지 씩 몸에 밴 습관들에 변화를 가져보자. 아무리 사소
한 일이라도 상관없다. 그런 변화를 자꾸 주다보면 언젠가는 정말로 큰
변화 속에 자신을 과감히 뛰어들게 할 수 있는 날이 올테니까.
먼데서 찾을 필요없이 아침 출근길 루트를 바꿔서 한 번도 가보지 않았던
길로 돌아가 보기도 하고, 계란 후라이를 해먹을 때 색다르게 먹는 방법
은 없는지 찾아보기도 하고, 한번도 가본적 없는 옆 동네에 버스를 타고
가면서 차창 밖으로 보이는 색다른 풍경들을 맛보기도 하고, 요즘 뜨고
있는 웹사이트가 있으면 아무 때나 한번 들어가 보고, 평소 잠자리에 들
시간보다 더 늦게까지 TV를 보면서 평소에 보지 못했던 프로그램들을 보
기도 해보자. 그런다고 해서 손해볼 것도 없고, 잃어버릴 것도 없다.

젊은 사람과 나이 든 사람의 차이점 중 하나는 주거 환경에 대한
생각이다. 나이가 들수록 한 곳에서 오래 머무르며 같은 집에서 오래
동안 살고 싶어한다. 하지만 젊은이들은 그런 면에서 좀 더 자유롭게
생각한다. 멀리 떨어진 다른 곳에서 더 좋은 기회가 주어진다면 언제
든지 떠날 준비를 한다. 그래서 항상 매일 똑같은 사람과 똑같은 일

이 반복되는 조그만 동네보다 활기차게 돌아가는 번화가를 더 좋아한다. 그에 반해 나이든 사람들은 한 곳에 뿌리를 내리고 편안한 환경과 친숙한 주위 사람들과 더불어 사는 걸 좋아하기 때문에 절대 다른 곳으로 떠나려고 하지 않는다.

문제는 언제부터인가 젊은 사람들이 나이 든 사람들보다 더 집에 대한 애착이 강해지고 낯선 곳에 가서 사는 두려움 때문에 쉽게 벗어나지를 못하고 있다는 사실이다. 물론 요즘에는 자녀 교육이라는 측면을 앞세워 그렇게 얘기하는 사람들이 많아진 건 사실이다. 하지만 결혼도 하지 않은 사람들이 나중에 태어날 '애를 위해' 라는 핑계를 대며 편안하고 친숙한 환경 속에 파묻히고 싶어 한다니….

언제까지나 집도, 절도 없이 떠돌아다니거나 어린 애들처럼 경솔하게 생각하고 판단하라는 말이 아니다. 친숙한 환경에 너무 얽매이지 말라는 것이다. 뿌리가 너무 깊이 박히면 쉽게 움직일 수 없기 때문에 기회가 와도 이 핑계, 저 핑계를 대며 항상 그 곳에 머무르고 살 수 밖에 없다.

이번에는 직장에서 내리는 뿌리를 보자. 요즘 신입 사원들은 옛날처럼 선배나 상사에게 무조건적인 복종을 하지 않는다. IMF 이후 지금까지 수많은 사람들이 열심히 일만 해온 직장에서 하루아침에 구조조정을 당해 길거리로 쫓겨나는 것을 보면서 자란 세대들이기 때문에 평생 직장이나 천직(天職)이라는 말 자체를 받아들이지 않는다.

그래서 옛날 세대들처럼 죽어라 일만 하는게 아니라 적당히 한쪽 다리를 담가놓고 있다가 더 좋은 기회가 오면 망설임없이 떠난다. 옛날처럼 한 직장에 뿌리를 내리는 일은 이제 찾아보기 힘들게 되었다. 어떻게 보면 이런 생각이 최고의 변화 적응력일지도 모른다.

젊게 생각하는 사람들은 하늘이 내려준 천직이라는 생각을 가지고 일을 하지 않는다. 언제든 기회가 온다면 직종 전환까지도 쉽게 결정한다. 일생동안 단 한가지의 직종만 가져야 한다고 생각을 하지 않으며 나에게 잘 맞는 직업이 무엇인지 찾기 위해 노력을 한다.

그래서 밑에 있는 직원들의 이런 태도들 때문에 나이 많은 상사들은 하나같이 못마땅해 하기도 한다. 나이에 얽매여 진부한 관점에서 바라보면 절대 이해할 수 없겠지만, 젊은 직원들의 이런 자유 분방한 태도들이 오히려 회사에 도움이 될 수 있다는 측면도 있다는 사실은 인정해야 한다. 만족감도 없고 아무런 의미도 없이 직장 생활을 한다면 일이 제대로 될까? 회사나 개인 모두에게 손해이다. 개인적으로 일에 대한 만족감과 재미를 느껴야만 개인과 회사 모두에게 발전이 있다.

그밖에도 사회 곳곳에서 뿌리를 내리려고 하지 않는 현상이 벌어지고 있다. 결혼 생각없이 독신으로 살아가려고 하는 사람들, 결혼을 했어도 아이를 갖지 않고 살아가려는 사람들, 한 가지 브랜드만을 고집하지 않는 사람들, 투표할 때 지지 정당이 계속 바뀌는 사람들 등 어떤 행동을 하든지 과거의 습관과 다람쥐 쳇바퀴 돌아가듯이 지내는 것으로부터 벗어나려는 시도가 있어야 한다. 그래야만 한군데 편하게 뿌리 내리려고 하는 마음이 사라진다.

때로는 전통적인 관습이나 나이 많은 사람들이 심어주고 싶어하는 가치관에 뿌리를 내리려고 하지 않는다. 예를 들어 어른들에게 중요하다고 배워온 것 중 하나가 '감정을 쉽게 드러내지 않는 모습' 이다. 그래서 어떤 상황에서도 자기의 감정을 함부로 드러내지 말라는 식의 가르침을 받으며 자라왔다. 감정에 쉽게 좌지우지되는 사람으로 보이게 되면 안좋은 인상만 심어줄 수 있다고 하는 말을 많이 들으며 자라왔다.

하지만 젊음을 간직하고 살아가는 사람들에게 감정을 억지로 제어하라는 말은 전혀 통하지 않는다. 흥분되게 만드는 일이 있으면 열광하고 지루하게 느껴지면 화를 낸다. 감정을 억지로 숨기고 사는 건 인간답지 못한 일이며 표현의 자유를 억누르는 것이라고 얘기를 한다. 그래서 세상에서 벌어지는 일들을 보면서 같이 좋아하고, 같이 슬퍼하고, 같이 즐거워하고, 같이 안타까워하며 열정과 흥분을 함께 나누려고 한다.

세상이 계속 변해가면서 과거에 중요하게 생각됐던 가치관들은 점점 더 의미가 퇴색해지고 있다. 물론 친절, 공평, 정직, 봉사 등과 같은 가치관은 시간이 아무리 흘러도 변하지 않겠지만 자기 억제, 전통, 인격 함양 등과 같은 말은 의미 자체가 변할 것이다.

앞에서 말했듯이 현재 중요하다고 여기는 가치관들도 시대가 바뀌면 그 의미가 거기에 맞게 변해야 하기 때문에 수시로 가치관의 의미를 곰곰이 되짚어봐야 한다. 그런 일이 귀찮다고 자꾸 미루기만 한다면 어제의 가치관으로 오늘을 살고 있으면서도 "난 내일의 가치관을 가지고 살고 있다"는 착각 속에 빠져들게 된다.

요즘 사회는 과거에 갇혀 사는 게 그 어느 때보다 더 아무짝에도 쓸모없는 일이 되었다. 빠르게 돌아가고 있는 세상에서 변화와 변경, 변이, 재탄생이라는 말들은 개인적인 성공을 이루는데 있어 가장 효과적인 접근 방식들을 대변해 주고 있다.

미련이 남지 않게 확실히 끝낸 후 새로운 시작을 한다

마지막으로 인생을 가볍게 살아가는 방법은 "끝은 곧 새로운 시작이다"라는 다소 철학적인 생각이다. 젊게 생각하는 사람들은 인생 자체가 복잡하다는 것임을 알기 때문에 최대한 단순하고 쉽게 생각하려고 한다. 그래서 과거에 얽매여 사는 걸 싫어하고 지나간 일은 지난 일로 묻어두려고 한다.

인간은 누구나 친구, 연인, 배우자와 관계가 단절되는 것을 고통스러워 한다. 하지만 떠나간 연인을 그리워하며 몇 년씩이나 가슴에 품어두고 새로운 사람과 사귀는 일까지 거부한다면 얼마나 바보같은 일인가? 젊을수록 실연 뒤에 겪는 아픔을 처리하는 기술이 더 뛰어나다. 왜냐하면 어차피 끝난 일은 끝난 일이라고 생각하고, 끝난 일에 크게 미련을 갖지 않기 때문이다. 지나간 일들 때문에 고통스러워하면서 하루하루를 보내면 절대 낙관적인 미래를 맞이할 수 없다.

또 한편으로는 끝맺음을 확실히 해서 마음속에 찜찜하게 남아 있는 일들을 처음부터 아예 없게끔 한다. 회사에서 오해받는 일이 있다면 나이 차이가 아무리 많이 나는 상사라도 확실하게 아니라고 얘기해서 미련이 남지 않게 한다. 그리고 남들이 다 쉬쉬하는 문제들도 당당히 앞으로 끄집어 낸다. 어떤 식으로든 정리가 되어야 그에 대한 미련이 남지 않고 또 미련이 남지 않아야 다른 일을 시작할 수 있다고 생각한다.

이번에는 평범하게 살아가는 우리를 한번 살펴보자. 지금이라도 당장 부엌으로 달려가 구석구석에 있는 물건들을 다 꺼내 보자. 그렇게 꺼낸 물건들만 놓고 보면 우리 모두는 엄청난 저축왕들이다. 언제, 어디서 구해왔는지 기억도 안나는 먼지만 수북히 쌓인 장식용 컵들부터 시작해서 한 번도 먹어본 기억이 없는 통조림 캔도 나오고 쓰레기장인지, 부엌인지 아니면 저장 창고인지 분간하기 힘들다. 당사자인 본인도 기억이 안나는 그런 물건들이 한가득 쌓여있다.

"인생을 가볍게 살자"라는 취지와 비교하면 정말 웃음거리밖에 안되는 행동이다. 수년간 아무 생각없이 모아놓은 물건들이 많을수록 인생을 가볍게 살아가는 것과 정반대의 길을 가고 있다고 생각해야 한다.

사람이건, 물건이건 많을수록 좋다고 생각하는 건 진부한 생각이다. 물론 양적으로나 질적으로나 풍부하고 좋다면 가장 좋겠지만 그게 안된다고 하면 양으로 밀어붙이겠다는 생각은 버려야 한다. 아는 사람이 많은 것과 도움을 주고 받을 수 있는 사람이 많다는 것은 많은 차이가 있고 현재 내 주위에 있는 사람과 과거에 있었던 사람 또한 많은 차이가 있다. 물건도 마찬가지이다. 하나가 완전히 다 끝났을 때만이 완전히 새로운 또 하나를 시작할 수 있다.

인생을 가볍게 살기 위해서는 무엇보다 꼭 필요한 것만 인생이라는 배 위에 올려 놓고 항해를 해야 한다. 그리고 꼭 필요한 것은 인생을 더 행복하고, 만족스럽게 그리고 성공을 향해 갈 수 있도록 도움을 줄 수 있는 사람들과 그 밖의 것들이다.

직관에 따르는 결정 |

"이것저것 안따지고 본능적인 직감으로 결정하는게 더 좋다고 생각합니까?"
"사회적인 체면이나 남들 눈을 의식해서 결정을 내린건 아닌가라고 걱정한 일이 있습니까?"

본능에 따라 직관적으로 내리는 결정은 지극히 현실적이며 보는 것과 거의 동시에 이루어진다. 대부분 어릴 때 했었던 결정 방식인데 굉장히 빠르고 직관적으로 결정하고 거기에 영리하기까지 하다. 이런 결정 방식은 보는 순간 그 자리에서 바로 떠오르는 직관을 가지고 판단한다.

시간을 두고 천천히 체계적이고 논리적으로 접근해서 문제점들을 가려내는 의사결정 스타일이 요즘같은 시대에는 한계가 점점 더 많아지고 있기 때문에 직관적인 방식을 통해 결정하는 젊음의 지혜를 가져야 한다. 지금까지 대세를 이루었던 과학적인 분석 방법들은 지난 수십년 동안 그런대로 유용하게 써먹을 수 있었다. 하지만 지금은 시간이 너무 많이 걸린다는 단점을 드러내고 있다. 하루에도 수십 개에서 수백 개의 결정을 내려야 하는 일이 생기므로 그만큼 최대한 빠르게 진행되어야 한다.

스타벅스에 커피를 마시러 가도 매번 '오늘은 뭘 마실까' 라는 고민을 해야 한다. 그렇기 때문에 이리저리 재고, 심각하게 고민한 후에 결정을 내리는 방식은 지금같은 시대에는 최선의 선택이 되기에는 더 이상 힘들어졌다. 그래서 우리가 어렸을 때 했던 보는 순간 떠오르는 직감대로 결정하는 방식으로 되돌아가야 한다.

예를 들어 일반적인 결정 방식과 직감에 따라 결정하는 방식의 차이를 보자. 내가 전부터 꼭 갖고 싶었던 전통 공예품 하나를 사려고 골동품에 갔는데 생각보다 너무 비싸서 어떻게 해야지 망설이고 있다고 가정하자. 생각 자체가 진부한 사람들이 하는 일반적인 방식은

"내가 굳이 이렇게까지 비싸게 주고 저걸 사야할까? 저거 없어도 상관없잖아!"라고 스스로를 합리화시키면서 발길을 돌린다. 그리고는 집에 돌아와서는 "그래도 사고 싶은데… 아니야, 너무 비싸!"라는 생각을 하면서 샀을 때와 안 샀을 때의 장단점까지 머릿속으로 비교를 하면서 며칠 동안을 고민에 빠진다. 그러다가 결국에는 포기를 하거나 아니면 사기로 마음을 먹는데 그 가게를 다시 갔을 때 이미 그 공예품은 팔리고 없다. 그 때 오는 좌절감은 또 어떻게 할 것인가? 살까, 말까를 가지고 며칠 동안 고민하고, 혹시 "다른 사람이 먼저 사간거 아니야!"라고 또 신경써야 하고….

인생을 가볍게 해야 한다. 복잡하고 힘든게 인생인데 왜 더 힘들게 살려고 하는지 모르겠다. 이런 사람들에게는 한 박자 느린 결정 때문에 그만큼 후회되는 일은 더 빠르게 찾아오고, 미련은 더 오래 남는다.

논리적인 접근은 사람을 더 힘들게 할 수 있다. 가격이 좀 부담된다고 느끼면 그 정도가 꿈에도 못 꿀 액수인가? 아니면 조금만 무리를 해서라도 꼭 사고 싶은가? 하나뿐인 골동품을 다른 사람이 사가면 그 상실감이 더 클까? 논리적인 접근 방식은 이처럼 때론 문제의 본질에서 한참 벗어나 논리적인 함정에 빠지게 만든다.

그에 반해 본능적이고 직관적으로 일어나는 결정 방식은 좀 다른 관점으로 문제를 바라본다. 가격을 보고 망설이기는 마찬가지지만 그

물건을 꼭 가지고 싶다는 생각이 든다면 그 다음에는 바로 어떻게 하면 더 싸게 살 수 있을까를 놓고 고민한다. 다른 상점들도 다 뒤져보고 인터넷 쇼핑몰도 다 뒤져보면서 똑같은 공예품을 더 싸게 파는 곳은 없는지 찾아내서 한 푼이라도 더 싸게 사려고 애를 쓴다. 처음에 생각했던 가격보다 높다고 이걸 굳이 사야 하는지를 논리적으로 따져보지 않고 어떻게 하면 내 손에 넣을 수 있는지를 가지고 고민한다.

변화를 준비하자

안정적으로 사는게 목표라는 말은 진부한 생각을 가진 사람들이 하는 말이다. 그에 반해 젊게 생각하는 사람들은 안정이라는 말 자체를 인정하지 않으며 변화에 대비한 준비를 하는 것만이 살 길이라고 말한다.

지금같은 시대에는 안정적이라는 말 자체가 별로 귀에 들어오지 않는다는 건 여러분 모두 잘 알고 있을 것이다. 회사에서는 언제 구조조정이라는 칼을 들이 밀게 될지, 내 집 마련이 꿈인 사람들에게 주택담보 대출제도가 언제, 어떻게 바뀌게 될지 모른다. 또 죽을 때까지 함께한다는 혼인 서약은 수많은 이혼율로 나타나고, 울며 겨자 먹기로 내고 있는 국민연금은 언제, 어떻게 될지, 심지어는 안정의 대명사처럼 알려진 은행들마저 부도로 쓰러지고 있는 마당이니 말이다. 갑작스런 환율 폭등으로 물가는 춤을 추고 어제와 오늘이 다른 생필품 가격을 보고 살아야 하는게 지금의 시대이다.

세상이 이렇게 변화의 소용돌이 속에서 움직이고 있는데도 아직까지 나랑은 상관없는 일이라고 생각하거나 세상이 거꾸로 뒤집혀도 나만은 안정적으로 살 수 있다고 자신하고 있습니까?

미국 사람들도 911 테러로 뉴욕 한복판이 아수라장이 되고 카타리나 허리케인으로 물난리를 겪기 전까지만 해도 자기네 나라가 세상에서 가장 안전하다고 믿고 살았다. 영국에 있는 농부들은 광우병이 처음으로 발병하기 전까지는 안정 속에 살았다. 코닥 사는 디지털 카메라를 보면서 비웃다가 결국은 영원할 것만 같았던 왕좌에서 내려와야 했다. 그 뿐만 아니라 수많은 기업체들이 변화의 흐름을 무시하고 안정만 추구하다가 결국은 쓸쓸히 무대 뒤로 퇴장해야만 했다.

직장, 집, 결혼, 국민연금, 의료보험, 사회복지, 치안, 일류 브랜드 등 무엇 하나 안전하거나 영원히 보장받을 수 없다. 진부한 생각을 하는 사람이나 젊게 생각하는 사람이나 이런 현실에 대해서는 모두 똑같이 공감한다. 하지만 둘의 차이가 있다면 젊게 생각하는 사람은 변화와 함께 하는 방법을 고민해서 수동적인 대응이 아니라 능동적인 대처 방안을 준비하고 달라진 상황에 맞게 빠른 결정을 내린다.

진화는 살아남기 위해 변하는 것이다. 개개인 뿐 아니라 전 세계가 살아 남기위해 진화하고 있다. 그렇기 때문에 사회가 어떻게 변해서 살아남고 성공하려고 하는지를 계속 눈여겨 보고 있어야 한다. 진부한 생각을 가지고서는 절대 그 변화를 감지할 수 없다. 젊음의 지혜를 가져야하고 젊게 생각을 하고 있어야만 변화의 과정을 지켜볼 수 있고 더 나아가 변화의 트렌드를 미리 감지해서 앞서 나갈 수 있게 된다.

"걱정도 팔자다"라는 말이 있다. 괜한 걱정까지 하면서 힘들어서 어떻게 사냐고 생각할 독자도 있겠지만 지금이야 말로 그런 생각을 가지고 있다면 하루빨리 버려야 한다. 지금 세상에서 변하지 않고 항상 그 자리에 있는 건 거의 없다. 모든게 다 변하는 세상이다.

시행착오를 통해 배운다

어렸을 때 했던 직관과 본능에 따른 결정 방식은 시행착오가 따를 수 밖에 없다. 철저하게 분석을 하고 난 후에 논리적으로 행하는 결정보다는 실수가 많을 수 있다. 그 둘의 차이가 어떻게 나타나는지 진부한 사고방식에 따르는 행동과 젊게 생각하는 방식의 행동을 비교해 보자.

벽걸이 TV를 새로 구입한 후 어떻게 다른 행동 방식을 보이는지 예를 들어보겠다. 먼저 생각 자체가 나이가 든 사람들은 물건이 도착했다고 좋아한다. 그리고 조심스럽게 박스를 열고 사용 설명서부터 꺼낸다. 사용 설명서가 꽤 두껍다고 걱정하면서 안을 보는데 몇 개 나라의 언어가 함께 다같이 있어서 그중 한국말로 된 설명서 분량은 몇 페이지 안되는 걸 보고 안도의 한숨을 내쉰다. 설치 방법 페이지를 펴서 찬찬히 읽어보고 스티로폴에 감싸진 TV를 조심스럽게 꺼내어 벽에 걸고는 옆에 있는 가구나 벽지 색깔과 잘 어울리는지 이리저리 살펴본다. 그리고 다시 한번 사용설명서를 펴서 TV 스위치 작동법을 읽는다.

그럼 젊게 생각하는 사람은 어떨까? 1 단계로 급한 마음에 박스를 아무렇게나 뜯으며 TV를 꺼낸다. 2 단계로 전원을 꼽는다. 3 단계로 TV 시청을 한다. 4 단계는 화면이 고르지 못하거나 마음에 들지 않으면 TV 리모컨으로 조정해본다. 5 단계는 다시 TV를 보다가 또 문제가 생기면 4단계로 돌아가 리모컨으로 해결한다.

요즘은 초등학생만 되도 어른보다 컴퓨터나 핸드폰을 더 잘 다룬다. 특별히 컴퓨터 학원을 다니지 않아도 아무런 불편없이 컴퓨터 프로그램을 능숙히 다룰 줄 안다. 모르거나, 틀렸다고 해서 창피해 하거나 걱정하지도 않고 수많은 시행착오를 거치면서 스스로 방법을 찾아낸다.

그 뿐인가? 영어도 아이들이 더 빨리 배운다. 나이가 들수록 자신이 실수하면 상대방이 어떻게 생각할까라는 걱정 때문에 아무 말도 안하고 조용히 쳐다보기만 한다. 하지만 아이들은 창피함을 걱정하지 않는다. 일단 말을 해야 그 발음이 좋은지, 나쁜지, 어휘 선택이 잘됐는지, 아닌지를 알 수 있고 그런 실수가 반복되는 과정 속에 배울 수 있는 것 아닌가? 아무 말도 안하고 있다면 창피함은 안당할 수 있지만 대신 배우는 것은 아무것도 없다.

또 어떤 일을 결정할 때 모든 것을 다 알고 난 후에 할 수는 없다. 또 중요한 부분이 무엇인지 몰라도 된다. 결정을 내리는 순간에 무엇보다 필요한 것은 시행착오를 거치는 과정에서 얻게 되는 점들을 즐기려고 하는 마음이다. 실수가 무서워서 아무 것도 못한다면 영원히 아무것도 못한다.

요즘은 이렇게 시행착오를 통한 접근 방식을 수많은 업체에서 도입하고 있다. 예전에는 신제품을 출시하기 전에 자체적으로 연구소에서 수많은 테스트 과정을 거치고 난 후에 발표를 했다. 하지만 지금은 실제 소비자 중에서 베타 테스터를 고용해 미리 사용해 보게 하고 문제점이 발견되면 리포트를 작성하게 한다. 만드는 사람 위주로 제품을 개발했던 예전과 다르게 지금은 사용하는 사람의 입장에서 물건을 만드는 이 방법 역시 시행착오 방법이다.

전통적인 방식처럼 제품에 하자가 없는지 철저하게 분석하고 발생 가능한 문제가 뭐가 있을지 머리를 싸매고 연구하는 것만으로는 소비자들의 입맛을 사로잡기도 힘들다. 시장에 발표하고 난 다음에는 예상치 못한 문제점이 꼭 생기게 마련이기 때문이다. 그것보다는 개발자들도 인식하지 못하는 대안들을 베타 테스터가 생각해 낼 수 있고 더 창의적인 생각들을 얻을 수 있게 된다. 보기만 하는 사람들이 만드는 것과 써본 사람들이 만드는 것과의 차이는 직접적으로 시행착오를 겪어봤는지, 아닌지이며 결국은 시장 반응에서 차이가 난다.

개개인이 직접적인 시행착오를 통해 얻게 되는 경험들이 앞으로 더 중요해질 수밖에 없는 또 다른 이유는 이제는 어른들의 말을 통해 배울 수 있는게 더 제한적인 세상이 되었기 때문이다. 지금의 부모 세대와 자녀 세대를 비교해 보면 그 어느 때보다 자라온 환경 자체가 너무 차이가 많이 난다. 그래서 어떻게 보면 과거의 경험을 가지고 미래의 세대를 억지로 끼워 맞추려고 하는 경향이 강하다.

지금은 부모들조차 한 번도 경험해 본적이 없는 일들로 넘쳐나는 시대인데, 그 가르침이 얼마나 효과가 있을지 의문이다. 물론 어른들의 말이 중요한 것은 있다. 인간으로 살면서 무엇이 옳고, 그른지 아니면 좋고, 나쁜지는 당연히 어린 세대들이 귀담아 들어야 할 얘기들이다. 하지만 실생활에서 겪게되는 문제들은 부모 세대나 자녀 세대나 똑같이 처음으로 경험해 보는 일들이 많아졌다. 그렇기 때문에 직접 몸으로 부딪치며 시행착오를 통해 배워야 하는 일이 더 많아질 수밖에 없다.

빠른 결정을 한다

젊게 생각하는 스타일의 결정 방식 중 하나는 최대한 빠르게이다. 요즘은 극장도 그렇고 콘서트 예매할 때도 할인을 많이 시켜주는 기간이 있다. 배도 그렇고 항공기도 그렇고 편도보다는 돌아오는 티켓까지 미리 구매하는 왕복 티켓이 더 싸다. 또 아이들 방학 때는 한정된 인원수만 모집하는 다양한 체험 프로그램들이 있어서 부지런한 부모들의 아이들만 갈 수 있다. 이렇게까지 사람들을 시간에 쫓기게 만들었던 시대는 지금껏 없었다. 조금이라도 머뭇거리고 우물쭈물하면 남들보다 손해를 보고 살아가야 하는 일이 더 많아졌다.

직관적인 결정 방식은 거의 무의식적으로 순식간에 이루어지기 때문에 요즘같은 시대에는 그만큼 많은 이점을 얻게 된다. 몇 번이나 심사숙고한답시고 시간을 끌기보다는 최대한 빠른 시간 안에 현명한 선택을 하는게 바로 젊음의 지혜 중 하나이다.

Yes와 No를 분명히 한다

직감에 의지해서 결정하는 스타일은 언제든 자기가 생각했던 것과 다르다고 생각되면 의사 표현을 분명하게 할 수 있어야 한다. 좋으면 좋다고, 싫으면 싫다고. 그래서 화를 낼 때와 웃어야 할 때를 분명히 구분할 줄 알아야 한다. 즉, 자신의 권리와 책임이 무엇인지 정확히 알고 있다는 말이다.

인생을 가볍게 하라는 말 안에는 감정에 좀 더 충실하라는 뜻이 포함되어 있고 앞에서 설명했던 것처럼 그 자리에서 바로 내리는 결정에는 그만큼 용기가 필요하다. 특히 가장 힘든 결정은 보통 '예'와 '아니오'를 분명히 해야 할 때 일어나므로 무엇보다 용기가 필요하다. 그게 안되면 "좀 더 생각해 보고", "무엇이 맞는지 생각해 볼 시간이 필요해!"라고 하면서 회피를 한다.

식당에 갔을 때를 예로 들어보자. 식당에서 지불하는 돈은 단순히 쌀값과 양념값 그리고 물값 등만 포함되는 게 아니다. 음식값에는 거기에 맞는 서비스가 포함되기 때문에 비싼 돈을 주며 한껏 기대를 하고 간 식당에서 손님 대접을 제대로 받지 못했다고 생각이 들거나 음식에 문제가 있을 때는 뭐가 문제인지 확실히 따져야 한다. 그리고 미련없이 자리에서 일어나 다른 식당으로 자리를 옮겨야 한다. 그게 직관적인 결정 방식이다.

하지만 대부분은 그런 불만이 있어도 "욱하는 내 성격이 문제니까 참아야지" 하면서 자신을 탓하거나 다른 손님들의 시선을 의식하면서 참는다. 하지만 머릿속에 한번 박힌 불만은 쉽게 누그러들지 않고 계속 쌓이게 되면서 음식을 먹는 내내 "내가 두 번 다시 이 집에 오나봐라"하며 투덜거린다. 이럴땐 정당하게 자신의 권리를 주장하고 자리를 박차고 식당 밖으로 나와야 한다. 다음에 오는 다른 손님들이 똑같은 부당한 대우를 받지 않도록 해줄 수도 있고 더 중요한 것은 그래야만 여러분의 정신 건강에 좋다.

불만만 말하고 떠나지 않는 것은 직관적인 결정이 아니라 약간은 나이든 사람들이 생각하는 방식과 별다른 차이가 없다. 음식을 먹든, 물건을 사든 안좋은 대접을 받아서 화는 머리 끝까지 나 있으면서도 계산하고 나서 그때서야 불만 사항을 말하면 무슨 소용이 있을까? 기분은 기분대로, 돈은 돈대로 손해만 두 배로 받는 것이다. 자리를 박차고 일어나는 게 정 힘들다면 거래를 해라. 상대방의 실수나 잘못으로 자신의 기분이 나빠졌거나 손해를 봤다면 그만큼 보상을 요구하면 된다. 식당이라면 음료수 서비스를 줄 것이고, 비행기라면 상위 클래스로 자리를 바꿔줄 것이고, 가구점이라면 가격적으로 싸게 해줄 것이다.

변화는 거창한 게 아니라 이처럼 일상 생활에서 얼마든지 일어날 수 있다. 그만큼의 용기만 있으면 된다. 그렇다고 말도 안되는 트집을 잡으며 난리를 치는 진상 손님이 되라는 말은 절대 아니다. 필자가 계속 말하지만 상식선에 잘잘못이 분명한 경우를 말하는 것이다.

지금까지 식당의 경우를 들어 설명했지만 밥먹을 때만 그러라는 게 아니다. 위에서처럼 자신의 생각과 다르게 가고 있다고 생각되면 언제든지 방향 전환을 해야만 직관적인 결정 방식을 가질 수 있다. 결정과 선택의 시간 앞에서 감정에 좀 더 충실해야 한다. 분석할 시간이 있으면 그 시간에 행동에 옮기고, 걱정이나 짜증만 내면서 보낼 시간이 있으면 그 시간에 즐거운 일을 찾는게 젊게 생각하고 성공적으로 살아가는 방식이다.

지금 시대에서 성공하고 싶다면 어떤 일이든 대안을 세워놓고 본능과 직관이 내리는 결정을 우선시 하고 자신이 세운 목표에 맞게 변화를 주어 결정하면 된다. 분석은 일단 실행에 옮기고 난 다음에 하면 되고 잘못된 일이 생기면 그때마다 다시 수정하면 된다. 즉, 시행착오를 겪으며 고쳐 나가면 된다. 여러분은 이런 과정을 즐길 줄 알아야 한다.

남자, 여자를 따지는 시대는 지나갔다 |

challenges

"이건 남자가 할 일, 저건 여자가 할 일이라고 생각하고 일을 진행한 적이 있나요?"
"여성들의 역할이 강해지고 영향력이 더 커지는 것에 대해 심적으로 불편한가요?"

10대들의 생각은 무슨 일을 하든 가장 좋은 결과가 나오는 쪽으로만 신경을 쓴다. 하지만 진부한 사람들의 생각은 무슨 일을 하든 전통적인 방식을 답습하면서 사회적 지위에 따라 상하계층을 나누려고 한다. 거기다 한 가지 더 결부시키는 것이 여자냐, 남자냐에 따라 가져야 하는 책임과 역할이 다르다고 생각한다.

현 시대는 특히 남성과 여성의 근본적인 역할과 의미가 상당히 많이 변하고 있다. 그렇기 때문에 변화 적응력이 무엇보다 필요하다. 10대들은 전통에서 배우는 교훈이 별 도움이 되지 못한다고 생각하면 무시한다. 그래서 여자와 남자의 역할이 옛날과 완전히 다른 방식으로 진행되고 있다고 생각되면 새로운 방식으로 접근을 하려고 한다. 여자는 결혼을 하면 집에서 아이를 키우며 살림을 해야하고 남자는 밖에 나가 생활비를 벌어 와야 하는 개념은 더 이상 이 시대에 맞지 않는다.

젊은이들의 사고방식 속에는 남자와 여자의 역할을 따지는 것조차 진부해 보이며 남자가 세상을 지배한다는 생각은 아주 오래된 역사 속에서나 나오는 이야기로 받아들이고 있다. 남자와 여자를 따지기 전에 누가 더 능력이 있는지를 먼저 생각하고 어떻게 대처를 해야하는지만 생각한다.

이런 생각은 가부장적인 문화 속에서 자라난 사람들이나 권위적인 가장들에게는 특히 더 받아 들여지기 힘들 것이다. 그런 사람들일수록 여성들이 곳곳에서 두각을 나타내고 사회적으로 인정을 받고 있는 현실을 애써 외면하면서 그래도 남자가 중심을 잡고 있어야 무슨 일이든 제대로 된다고 생각한다.

회사에서도 아직까지 여직원들이 할 수 있는 일의 한계를 나름대로 세워놓고(남자 상사들은 대개 겉으로는 아닌척 하지만) "여자들은 여기까지야"라고 생각을 하고 일을 진행시키는 경우도 심심치 않게 볼 수 있다. 이건 마치 2차 세계 대전 때 일본이 패망한 것도 모르고 29

년 동안 필리핀의 외딴 섬에서 혼자 상부의 명령을 기다리며 아직도 전쟁 중이라고 생각하고 숨어 지냈던 일본 군인 히루 오노다(Hiroo Onoda)같은 사람이다. 나이 어린 세대들은 이미 "남자이기 때문에, 여자이기 때문에" 라는 생각을 버린지 오래인데 진부하고 고리타분한 사람들만 아직도 그 안에 갇혀 싸움을 벌이고 있다.

생각을 바꿔라

지금의 젊은 세대는 어렸을 때부터 남자와 여자를 가르지 않는 동등한 교육 환경을 가지고 같이 배워오며 같이 자랐다. 그렇기 때문에 남녀의 사회적인 역할에 대한 관습이 그들 눈에 들어올 리가 없다. 누가, 무엇을, 언제, 어떻게만 우선적으로 생각하고 남자와 여자의 역할에 대해서는 별로 개의치 않는다. 요즘은 예전과 달리 남편들이 회사 일을 끝내고 돌아와 집안일을 도와주거나 주말에 아이들을 보면서 아내들의 손을 덜어주려고 하는 모습들이 흔해졌다.

하지만 근본적인 변화는 아니다. 아직까지 대부분은 가정을 유지시켜야 하는 책임은 전적으로 남자들에게 있으며 반대로 여자들은 아이들 뒤치다꺼리를 위해 자신의 개인적 발전은 포기하며 살고 있다. 개인적인 발전은 남자와 여자를 떠나 모두에게 가장 중요한 사실이다. 자신의 삶에 대한 의미를 단순히 자식들이 커가는 걸 보며 얻을 수 있는 시대도 아니고 주위에서 그렇게 만들지도 않을 것이다.

앞으로는 결혼한 사람들이 맞아들이게 될 새로운 모습들은 남편과 아내라는 개념을 떠나 더 융통성 있고 합리적인 방법을 찾게 될 것이다. 맞벌이 부부의 경우 아내의 경력이 더 인정받고 중요하다고 여겨진다면 남편은 당연히 그에 따라 지금의 맞벌이 아내가 하는 역할을 하게 될 것이다. 때로는 집안에서 살림을 남자들이 도맡아 하게 되는 경우까지 생기게 될 것이다. 아이에 대한 양육의 책임은 여자한테만 있다고 생각하는 것은 진부한 생각이며, 남편과 아내의 능력에 따라 현명한 역할 분담이 자연스럽게 이루어져야 한다.

여성 상위다

요즘 사회를 보면 얼마나 많은 여자들이 전 세계적으로 사회를 주도하고 있는지 또 어느 정도까지 전 세계적으로 여성화가 일어나고 있는지 어렵지 않게 알 수 있다. 서구 사회에서 더 활발하게 진행되고 있는 사회의 기본적인 변화의 모습들은 대부분 여성들에 의해 움직여 지고 있다.

물론 아직까지 일부 나라에서는 이런 현실이 받아들여지지 않고 있고 우리 사회에서도 특히 직장 안에서 기득권을 가진 남자들에 의해 강한 저항에 부딪치고 있는 면도 있다. 남녀가 평등하다는 생각과 사회가 갈수록 여성화되어 가는 점을 못마땅하게 생각하는 진부한 사람들이 아직까지 많은 것도 사실이다.

하지만 이런 변화의 흐름을 그들 역시 언제까지나 거역할 수만은 없다.

왜냐하면 첫 번째로 우리나라뿐만 아니라 다른 여러 나라에서도 남자들보다 여자들의 학업 성적이 더 우수하다. 그래서 일반적으로 남자들보다 여자들이 더 고학력을 가지고 시험 점수도 훨씬 높다.

두 번째로 여자들이 대체적으로 남자보다 더 직관적이다. 그래서 변화에 대한 적응력이 남자들보다 월등히 높다. 즉, 남자들이 갑자기 환경이 달라지면 어쩔줄 몰라하고 당황하면서 한숨만 쉬고 있을 때 여자들은 직관적으로 곧바로 달라진 환경에 적응하고 살아갈 수 있게 행동으로 옮긴다.

세 번째로 여자들은 남자보다 멀티 태스킹이 뛰어나다. 그래서 더 복잡해지고 심적으로 압박을 가하는 일들이 많아지는 지금의 생활에 남자들보다 더 적합한 능력을 가지고 있다.

마지막으로 대인 관계의 기술이 더 뛰어나다. 남자들보다 다른 사람을 이해하려는 모습이 많고, 다른 사람과 쉽게 공감하고, 다른 사람에 대해 더 많은 관심을 가지려고 한다. 남자보다 감정 지수가 더 높아 더 자연스럽게 인간관계를 맺고 때로는 더 많은 배려심을 보여주기도 한다.

갈수록 수직적인 계층 구조가 파괴되어 가는 많은 조직들에서 이런 대인 관계의 타고난 장점은 사회적으로 성공하는데 가장 큰 보탬이 될 수 있다.

수많은 직종들이 점차 사라져가고 있는 추세 속에 여자들의 일자리는 오히려 더 증가하고 있으며 수입적인 측면에서도 성공적으로 자리를 잡아가고 있다. 미국의 경우에도 전체 가구의 55%에서 아내의 수입이 가계의 전체 수입 중 절반이 넘는다는 통계 자료도 있다. 또 미국 남자의 중위 소득(총 가구 중 소득순으로 순위를 매긴 후 정확히 가운데를 차지한 가구의 소득을 말한다. 이는 소득계층을 구분하는 기준이 된다. 즉 중위소득의 50% 미만은 빈곤층이며 50~150%, 150% 초과는 각각 중산층과 상류층으로 분류된다)은 1970년에서 1998년까지 단 0.6%만이 상승하는 데 그쳤지만 여성의 중위 소득은 같은 기간 63%나 증가하였다고 한다.

이런 자료들과 필자의 얘기가 진부한 생각에 사로잡혀 있는 남자들에게는 불편하게 들리겠지만 그래도 인정하고 넘어가야 한다. 더이상 전 근대적인 사고방식으로 남자와 여자의 역할을 생각해서는 안된다. 주위에서 성공적인 사회생활을 하고 있는 여자가 있다면 자신의 롤모델로 삼아서 배워야 한다. 성공한 여자 운동선수나 가수들이 있다면 무조건 색안경을 끼고 보지말고 그녀들의 열정과 노력을 본받아야 한다. 성공한 여자들에게 찬사를 보내는 것이 남자로서의 자존심을 깎아 먹는다고 생각하지 말고 또 같은 여자로서의 질투심만으로 바라보지 말아야 한다. 오직 그녀들의 성공만 바라보자. 앞으로는 여자든, 남자든 여자 상사와 함께 일하는 일이 더 많아질텐데 미리미리 대비를 해야하지 않을까.

♠ 기본적으로 이것만큼은 꼭 지키며 살고 싶다는 원칙을 재정의해보자. 현재의 사회 흐름과 맞지 않다면 시대에 맞게 수정해야 한다.

♠ 편암함만 추구하려는 생각을 버려라.

♠ 무의식적으로 하는 습관이나 남들 이목이 두려워 마지못해 하는 행동이 있다면 과감히 버릴줄 알아야 한다. 인생을 가볍게 해야 한다.

♠ 청소년들의 순간적이고 본능에 따르는 결정 방식을 보고 배워라.

♠ 배우자, 친구, 애인 등에게 조언을 구해라.

Six steps to staying younger and feeling sharper

You can
be as
young
as you

think

Youth Quotient **04**

자기 자신을
더 사랑하라

"해냈어. 드디어 됐어"

클레어는 기쁨에 넘쳐 울먹이고 있었다. 그녀는 자기 자신이 너무나 대견스럽게 보였다. 불과 6개월 전만 해도 유아원에서 임시직으로 일하며 삶의 의욕도, 보람도 전혀 없이 거기다가 볼품없이 뚱뚱하기만 한 자신의 몸매를 숙명처럼 받아들이면서 하루하루를 보내고 있었다.

임시직이라는 이유 때문에 놀이방에서도 가장 힘든 애들만 주로 맡게 되었고 부모들이 아이들을 늦게 찾으러 오는 경우도 항상 클레어 담당이었다. 그러던 중 하루는 우연히 잡지에 실린 자신감과 성취감을 얻는 방법이라는 기사를 읽고 그 뒤로 하루도 빠지지 않고 운동을 하고 자기계발 서적을 꾸준히 읽으면서 다양한 모임에 나가 많은 사람들과 친분을 쌓아나갔다.

그렇게 6개월이 지난 오늘 클레어는 유아원에서 정식 직원으로 발령이 나는 순간을 맞이하게 됐다. 그동안 아이들을 얼마나 성심껏 보살펴 왔는지, 부모들에게 불평 한마디 없던 그녀의 모습이 얼마나 깊은 인상을 주었는지 그 모든 노력들이 인정받는 순간이었다. 단순히 월급 몇 푼 더 오르는 문제가 아니라 다른 사람들에게 인정을 받았다는 그 사실이 클레어에게는 너무나 큰 기쁨으로 다가왔다.

자기 자신을
사랑하라는 말

위에 나오는 클레어 얘기 중에서 6개월 전의 클레어 모습은 우리 모두에게 해당하는 슬픈 현실이다. 우리 모두는 자신의 삶이 아닌 그 누군가 다른 사람의 삶을 대신 살아가듯이 살아가고 있다. 삶의 목적도 잃어버린 채, 생기도 잃어버린 채 그렇게 말이다.

어렸을 때 가졌던 다소 무모해 보였던 그런 꿈들이 실제로 이루기에 얼마나 힘들고, 어려운지를 알게 되는 순간부터 인생의 방황은 시작된다. 또 우리가 바랬던 그런 꿈들 중에 실제로 이룬 것이 거의 없다고 느껴지는 순간부터 그리고 지금도 그때와 똑같이 여전히 희망사항으로 남겨져 있는게 많다고 느낄 때 역시 인생의 방황은 시작된다. 남들은 저만치 달려 나가는데 나만 절뚝거리며 까마득히 뒤쳐져 걸어가고 있는 인생 낙오자의 느낌을 가지고 살아간다.

물론 핑계없는 무덤없다고 다들 나름대로의 변명거리는 다 있을 것이다. 한순간의 방탕한 생활 때문이라든지, 정신차리고 보니까 너무 늦었다거나, 또 누구는 사고를 당해서, 또 누구는 갑작스런 해고를 당해서 등 이유가 무엇이든 아무리 합리화를 시키려고 노력을 해도 마음속에 남아 있는 실패자라는 생각만큼은 절대 지울 수가 없다.

여러분은 지금까지 이런 걱정을 해본 적이 있는가?

"이렇게 매일 딴 사람 밑에서 죽어라 일만 하다가 내 인생 끝나는 건 아닐까?", "내가 지금 엉뚱한데서 헤매고 있는건 아닐까?", "앞날에 대해 아무런 비전도 없이 하루살이처럼 살아가고 있는건 아닐까?", "언제부턴가 내 자신이 한심해지고, 하찮게만 보이고, 어쩔 수 없는 놈이라는 생각을 달고 살게 되었을까?"

자신의 삶이 100% 매력적이라고 생각하면서 만족하고 사는 사람은 단 한 사람도 없다. 아무리 돈이 많은 부자라도 또 사회적으로 출세한 사람이라도 그들 나름대로는 실패한 인생이라고 생각하며 살아간다. 그렇다면 젊게 생각하는 사고방식에서는 이런 점을 어떻게 극복할까?

그건 바로 자신을 필요로 하는 곳을 적극적으로 찾아다니며 인생의 패배감으로부터 자신을 보호하려고 하는 노력이다. 그래도 아직까지 내가 다른 어느 누구에게는 조금이라도 도움을 줄 수 있는 존재구나라는 생각이 들 수 있다면, 그래서 아무리 작은 일이라도 자신이 가치있는 존재로 여겨진다면 실패자라는 생각으로부터 벗어날 수 있다.

다른 사람을 위해 내가 아직도 필요한 존재라는 자부심이 생겨야만 자기 자신을 사랑하는 일이 가능해진다. 자신을 좀 더 돌아봐야 하고, 더 많은 투자를 하면서 다른 사람에게 자신의 존재를 인정을 받을 수 있도록 해야 한다. 이렇게만 할 수 있다면 좌절감을 면할 수 있고 모든 걸 자기 탓으로 돌리며 자신을 무능력하다고만 여기는 비관적인 생각에서 벗어날 수 있다.

이 때 주의할 점은 다른 사람을 무작정 도와줄 수 있는 일을 찾기 전에 자기계발에 힘을 쏟아야만 한다. 자기계발이 있어야 자신을 존중할 수 있게 되고 개개인의 장점들이 더 발전되어서 다른 사람에게 더 큰 도움을 줄 수 있게 된다.

자기
계발

"사람은 나이를 먹기 때문에 늙어가는게 아니라 자기 성장을 하려는 노력이 사라지는 순간부터 늙어간다."

젊음의 지혜 중 하나는 다른 사람에게 얼마나 매력적으로 보일 수 있느냐를 신경 쓴다는 점이다. 단순히 몸짱과 S라인으로 승부를 걸라는 말이 아니라 상대방이 나에 대해 더 알고 싶고, 더 친해지고 싶고, 그래서 더 끌리게 되는 그런 매력을 말한다. 나이가 어릴수록 자신이 얼마나 사람들에게 매력적으로 보이는지에 대해 신경을 많이 쓴다.

10대 때의 기억을 다시 한번 되살려보자. 내가 세상에서 제일 잘난 것같고, 무슨 일이든 잘 할 수 있을 것이라는 자신감과 에너지, 열정, 비전 그리고 자부심으로 충만했었다. 그리고 무엇보다 배짱이 넘쳐났다. 그래서 나이 많은 어른들은 보통 "애들이 겁이 없어서 그래. 세상이 얼마나 무서운지 모르니까 그렇게 생각하지!"라고 말들을 한다.

하지만 우리는 그런 10대들의 배짱을 다시 한번 가져야 할 때이다. 그래야 자기 자신을 사랑하는 일이 가능하다.

자기계발에 대한 관심도 |

구분	15～ 17세	18～ 24세	25～ 34세	35～ 44세	45～ 54세	55～ 64세	65세 이상
내게 부족해 보이는 부분을 좀 더 채워놓고 싶다는 생각이 간절하다.	80%	81%	78%	75%	69%	65%	43%

출처 Sociovision 3SC UK, 2005

나이가 어릴수록 자기가 관심을 가지는 분야에 대해 더 많은 것을 알려고 노력한다(물론 학교 공부는 빼고). 하지만 위의 자료에서 보듯이

25세를 넘기면서 그런 노력이나 관심도가 차츰 떨어지기 시작한다. 이 점 역시 대부분 사람들의 생각보다 훨씬 더 젊은 나이에 노화가 시작되는 것이다.

젊음을 유지하는 또 하나의 비결이 바로 자신의 매력과 개성을 더 빛나게 하려는 노력이다. 이미 자신에게 있다고 생각되는 그런 매력이 아니라 더 있었으면 하고 바라는 새로운 매력거리를 찾을 수 있게 자기계발에 힘써야 한다.

인생을 보다 슬기롭게 살아가기 위해서는 자기계발이 밑바탕이 되어야 하며 그래야만 자괴감이나 좌절감의 늪에서 빠져나올 수 있고 다른 사람들에게 인정받으며 살 수 있다. 혹시라도 직장이나 가정을 소홀히 하면서 엉뚱한 짓을 하고 있다고 다른 사람들이 손가락질을 하면 어떻게 하지라는 걱정이 든다면 과감히 떨쳐버려야 한다.

풍부한 지식과 깊은 통찰력만이 현시대에서 살아남아 성공할 수 있는 가장 최선의 방법이며 그렇게 되어야 여러분 자신의 인생을 좀 더 즐겁게 살 수 있다. 인간은 모두 자신이 낙오자, 실패자라는 생각을 가지고 있고 또 어렸을 때 꿈꿨던 인생의 시나리오대로 살지를 못한다. 멘토와 책을 통하거나 전문적인 기술을 습득할 수 있는 학원에 다니면서 자기계발에 힘을 쏟아야 인생의 실패자라는 생각을 버릴 수 있다.

세상을 이끌어 나가는 사람들은 언제나 책을 옆에 끼고 산다는 말이 있다. 그런 사람들일수록 자신의 지식 창고를 넓혀 나가는 일에 절대 소홀히 하는 법이 없다. 여러분도 각자의 인생을 이끌어 나가는 리더가 되기 위해서는 당연히 지식을 쌓는 일에 게을리 해서는 안된다. 아는 게 없다면 생각할 게 없고 생각이 없다면 발전이나 변화는 절대 있을 수 없다. 그렇기 때문에 꾸준한 자기계발 노력은 항상 젊게 생각할 수 있는 가장 중요한 밑바탕이 된다. 그런 자기계발을 통해 얻을 수 있는 것들을 정리해보면 다음과 같다.

자기계발로 얻을 수 있는 이익 |

♠ 통찰력과 삶의 에너지를 얻을 수 있다.

♠ 다른 사람들이 같이 있고 싶어하는 사람이 될 수 있다.

♠ 자기 자신을 더 소중하게 생각한다.

♠ 다른 사람에게 의지하려는 소극적인 생각에서 벗어난다.

♠ 감정이 풍부해진다.

♠ 의무감으로 어쩔 수 없이 한다는 생각에서 벗어나 자발적이고 능동적인 모습을 가질 수 있다.

♠ 남의 말에 쉽게 흔들리지 않는 자신만의 확고한 신념을 가질 수 있다.

♠ 집중력이 더 강해진다.

자기 자신을
사랑할 수 있는 세 가지 자세

달라진 개개인의 힘 |

"주위 사람들과 정치나 경제에 대한 토론이 격렬하게 벌어질 때 여러분은 어느 정도의 영향력을 발휘한다고 생각합니까?"
"대기업을 상대로 부당한 일을 당했을 때 참는 편입니까? 아니면 적극적으로 나서서 개선을 요구하는 편입니까?"

나이가 어릴수록 동물적인 눈치를 가진다. 그래서 주위 분위기가 조금만 이상해도 금방 낌새를 차리고 괜히 옆에 있다가 날벼락 맞을까봐 조심한다. 즉, 변화가 일어나는 현상을 가장 먼저 알아차리며 변화의 중심으로 향해 간다. 하지만 나이가 든 사람들은 무덤덤하게 변화를 바라보다가 조용히 뒤따라가거나 마지못해 끌려간다.

요즘 젊은 세대들이 어떻게 생각하고 어떤 행동방식을 가지고 있는지 유심히 지켜보면 개개인의 힘이 얼마나 큰 영향력을 발휘할 수 있는지 쉽게 알 수 있다. 예를 들어 정치인들에게 문제가 있다고 생각되면 다음 선거 때까지 얌전히 기다리지 않고 곧바로 자신의 블로그나 해당 정치인의 홈페이지에 자신의 견해를 과감하게 밝히고 문제점을 지적한다. 그리고 자신의 견해를 지지하는 많은 동조자들을 형성한다. 이런 현상은 최근에 있었던 2008년 미국 민주당 대통령 후보 경선 과정에서 쉽게 찾아볼 수 있다.

미국 대통령인 오바마의 지지자들은 인터넷을 능숙하게 다루는 세대들이 주를 이룬다. 그래서 자신들의 생각을 가장 빨리, 쉽게 전파할 수 있는 매개체로 인터넷을 어떻게 활용하면 효과를 크게 얻을 수 있는지 그 방법을 알고 있었다. "오바마는 인터넷을 통해 승리를 얻었는데 다른 어떤 후보자들보다 웹을 어떻게 하면 효과적으로 이용할 수 있는지 그 방법을 확실히 알고 있었다. 150만명 이상이나 되는 지지자들이 인터넷을 이용한 강력한 조직력을 이루어 냈고 그로 인해 결정적으로 힐러리 클린턴 후보를 누를 수 있었다. 오바마의 공식 홈페이지는 수많은 접속자들로 항상 붐볐고 온라인 상에서 활동하는 그의 열렬한 지지자들이 벌인 각종 웹 홍보 활동만 해도 3만건 이상이나 되었다."

_ Wired.com

어느 순간 갑작스럽게 미국 민주당의 대통령 후보를 뽑는 선거는 당 차원에서 벗어나 3만명 이상의 순수한 지지자들에 의해 주도되었고 자신들의 돼지 저금통을 털어 선거 비용으로 기부하는 일들이 벌어지기 시작했다. 오바마 진영은 온라인 상에서 하나로 뭉친 개개인들의 힘이 얼마나 큰지 새삼 깨닫게 되었다.

비단 이런 현상은 정치에만 국한된 것은 아니다. 각각의 제품이나 서비스에 대해 사용 후기를 올리면서 장·단점을 서로 공유하고 문제점이 발견되면 곧바로 시정 요구에 들어가기도 한다. 그래서 네티즌의 의견을 무시했다가 큰 낭패를 보는 회사들도 심심치 않게 볼 수 있다.

이런 현상들이 전해주는 메시지는 공감대를 형성하는 개개인들끼리 모인 집단이 정치인과 기업체에 많은 영향력을 행사하고 있다는 점이다. 지금까지 힘없는 민초들이라고 여겨지던 사람들의 영향력은 앞으로 더욱 거세질 전망이다.

이런 점이 자기 자신을 사랑하는 것과 어떤 연관성이 있을까? 지금까지 정치인들이나 대기업, 행정 기관들이 권력을 일방적으로 휘둘렀지만 이제는 그 권력의 중심이 차츰 개개인에게 넘어가고 있다. 그만큼 각자가 지녀야 하는 책임감이 더 막중해짐을 의미한다.

그렇기 때문에 이제부터 여러분도 스스로를 중요한 위치에 있다고 생각하고 그만큼 책임감과 의무감이 더 커졌다고 생각해야 한다. 이 말을 역설적으로 생각해보면 개개인이 책임져야 할 일들이 더 많아진 관계로 이제는 다른 누군가가 내가 해야 할 일을 대신 해주는 경우는 찾아보기 힘들다는 말이 된다. 정부나 경영자들의 역할이 축소될수록 개개인이 지고 가야할 책임은 그만큼 더 커진다.

그래서 이제는 개개인 모두 누구의 통제를 받으며 살아가는 시대가 아니라 본인 스스로 자신을 통제하며 자신의 인생에 책임을 더 많이 져야 한다. 젊게 생각하는 사람들일수록 누구의 간섭이나 통제를 받으려고 하기보다는 혼자 처리해 나가는 것을 좋아한다. 그리고 거기에 따르는 책임과 보상도 확실히 짚고 넘어가려는 모습을 보인다.

자존심을 지켜라 |

사람은 누구나 자존심을 다치면 힘들어 한다. 아무리 낙천적인 성격을 가진 사람이라 할지라도 자신의 능력에 대해 비난을 받거나 쓸모없는 사람 취급을 받으면 자존심이 상하는 것만큼은 피할 수 없다.

그래서 어떤 사람들은 공개적으로 자존심에 상처를 받는 일이 벌어지면 약물이나 술에 의존해 살아가고 극단적인 생각을 하기도 한다. 그런 모습들은 인기를 한 몸에 받으며 최고의 자리에 있었던 할리우드 스타들이 인기를 잃고 사람들의 시선에서 멀어지기 시작하면 끝없는 절망에 빠져 비극적인 결말을 맞이하는 경우에서 쉽게 찾아볼 수 있다.

자신에 대해 비관적이고 또 자신의 능력을 본인 스스로 믿지 못한다면 절대 인생이 쉬워질 수 없다. 자존심이나 자부심이 결여되어 있다면 세상 모든 일이 불가능한 일처럼 보이고 대인관계에서도 소극적인 모습과 방어적인 태도만 취하게 된다. 그래서 결국은 스스로 자신 안에 있는 모든 에너지를 갉아먹고 잠재력을 매장시킨다.

자기 자신을 사랑하라는 말은 곧 자존심과 자부심을 가지라는 말이며 인생을 살아가면서 겪게 되는 모든 일의 밑바탕에 깔려있어야 한다. 지금부터라도 자신의 자존심을 지킬 수 있게 내가 가지고 있는 능력들을 다시 한번 찾아보자. 언제까지 인생에 질질 끌려다니며 살 것인가? 한번쯤은 내가 인생을 이끌고 다니고 싶지 않은가? 언제까지 인생의 그늘에서 조용히 숨죽이며 살 것인가?

지금 여러분의 머릿속에 수북히 쌓여있는 부정적인 생각들을 당장에 떨쳐버리자. 먼저 세 장의 복사용지 위에 각각 과거에 잘했었던 일, 내가 가진 능력과 장점, 다른 사람들이 나를 칭찬하는 점에 대해 한 페이지씩 써보자. 거창한 일이 아니어도 된다. 일상생활에서 있었던 아주 조그만 일이라도 좋으니 한 페이지가 가득 찰 때까지 써보기 바란다. 다 썼다면 천천히 훑어보자. 생각보다 여러분 모두 나쁘게만 산 것도 아니고, 능력이 없는 것도 아니란 걸 알 수 있게 된다. 자존심을 지켜라! 자부심을 가져라!

자기계발

자신에게 내재된 능력을 계발하는 일은 젊게 생각하는데 있어 최우선적으로 가져야 할 목표이다. 자기계발이 절대 멀리 있는게 아니다. 우리가 조금만 관심을 가지고 노력을 한다면 얼마든지 쉽게 해낼 수 있다. 그러기 위해서는 관심과 호기심을 가지고 있으면 된다. 어렸을 때 가졌던 호기심, 모든 일이 새로워 보이고 궁금한 건 못 참았던 그 때를 떠올리자. 다른 나라에서 무슨 일이 벌어지고 있는지, 다른 사람들은 어떻게 살고 있는지, 과학도 좋고 역사도 좋고 또 철학도 좋다. 어느 분야이든지 관심을 가지고 호기심을 해결해 나가려는 모습부터 가지면 된다.

어렸을 때 어른들에게 가장 많이 들었던 말 중 하나가 "책을 많이 읽어야 된다"라는 말이다. 그런 말을 하는 어른들 중에 과연 몇 명이나 책을 끼고 살았는지 의심스럽기는 하지만 어쨌든 책은 평생 여러분의 곁에서 머물러야 할 인생의 스승이고 동반자가 되어야 한다. 사람들은 책의 종류에 따라 읽는 사람의 품위가 달라진다고 생각을 하는지 책을 읽는 순간에도 다른 사람들의 시선을 의식한다. 여행서도 좋고, 요리 책도 좋고, 외국어 공부 책도 좋고, IT 관련 서적도 좋고 어떤 책이라도 좋다. 어느 분야의 책을 읽든지 그건 곧 뭔가 새로운 것을 배우고, 지식을 넓혀서 자기계발을 하려는 노력이므로 그 자체만으로도 인정받아야 한다.

무슨 일을 어떻게 하든지 자기계발은 중요하다. 자기계발은 삶에 필요한 자극제이며 자존심과 자부심에 필요한 영양분이다. 최선을 다해 인생을 살고 싶다면 자기 자신을 먼저 사랑해야 하고 꾸준한 자기계발만이 자신을 영원히 사랑하며 살 수 있는 길이다.

자기 자신을 사랑하게 되면 궁극에는 다른 사람을 사랑하게 되고,

다른 사람들이 사랑스러워 하고, 모든 이들에게 관심을 받게 되는 사람이 된다. 어렸을 때 다른 친구들에게 어떻게든 관심 한번 받고 싶어서 애썼던 기억을 되살려보자.

자신에게 솔직하지 못한 사람은 절대 다른 사람에게 솔직할 수 없다. 자기 자신도 납득하기 힘든 일을 가지고 다른 사람을 납득시킬 수는 없다. 본인 스스로 인생의 패배자라고 떠들고 다니면서 인생을 다 산 사람처럼 한숨만 내쉬는 사람을 보고 존경할 사람은 아무도 없다. 내가 나를 인정하지 못한다면 절대 다른 사람이 나를 인정하는 일은 있을 수 없다고 생각하는게 젊게 생각하고 살아가는 모습이다.

몸짱 문화

자기 자신을 사랑하는 문제에 신체적인 부분이 빠질 수 없다.

필자가 여러분에게 두 가지 질문을 던져보겠다.

"당신은 얼마나 섹시합니까?", "당신에게 카리스마적인 모습이 있다고 생각합니까?"

이 두 가지 질문에 긍정적으로 대답하는 사람도 있을 것이고 반대로 자신에게는 그런 면이 없다고 부정적으로 대답하는 사람도 있을 것이다.

문제는 "내 나이에 무슨 그런 게 남아 있어. 나이가 들면 자연스럽게 사라지는 것들인데…."라고 나이 탓으로 모든 걸 돌리려고 하는 사람들이다. "섹시하다"라는 말은 10대와 20대만의 전유물이 아니다.

요즘은 상대방의 나이와 지위, 부에 상관없이 외모에 대해 많이 따진다. 그래서 상대가 어떤 사람이든지 자신의 외모에 대해 전혀 신경을 쓰지 않아 볼품이 없으면 다시 한번 생각해보려고 한다. 물론 10대나 20대들이 매력적이고 섹시하게 보이는 법에 대해 더 잘 알고 있고 관심도 많다. 이성에게 관심을 받고 싶은 욕구가 더 강하기 때문에 자연스럽게 옷이나 화장, 가그린, 향수 등으로 자신을 한껏 치장하려고 한다. 그러나 그들은 기본적으로 몸짱이 대접받는 문화의 특성을 누구보다 잘 알고 있다.

그래서 필자가 하고 싶은 말은 건강한 신체와 날씬한 몸매를 가지기 위해 노력하라는 말이다. 건강한 신체 안에서 건강한 에너지가 발생될 수 있다. 본인 스스로도 만족할 수 있고 다른 사람들에게도 매력적으로 보일 수 있는 몸을 만들어 보자. 그런 노력 속에서 자신의 내면 안에 어떤 에너지들이 용솟음치게 되는지도 느껴보자. 다른 사람 앞에서 자신의 외모에 대해 떳떳하게 자랑하는 기분이 어떤지 한번 맛보길 바란다. 잘 생기거나 이쁜 얼굴은 타고나야 하는 문제일지 몰라도 매력적인 모습은 필히 내면에 의해 좌우된다. 자신의 내면에 좀 더 충실해야 비로써 남들에게 매력적으로 보일 수 있게 된다.

다시 한번 말하지만 다른 사람들이 나를 좋은 모습으로 봐주길 원한다면 자기 자신이 먼저 좋아져야 한다. 자기 모습을 볼 때마다 화가 나는 그런 외모를 가지고서는 절대 다른 사람들에게 인정을 받을 수 없다. 좋은 기분과 좋은 외모, 좋은 행동은 하나이다.

때때로 자기 자신을 사랑하는 것이 너무 심하면 자아도취로 빠질 수 있다. 신체를 건강하게 하는 것과 관련된 자아도취는 성형 수술을 통해 코를 높이거나 쌍꺼풀을 만들거나 지방흡입 등을 통해 외적인 면에만 신경을 쓰는 것이다. 이런 자아도취는 나이에 상관없이 어린 아이부터 나이든 사람까지 곳곳에 나타나고 있는데 아무리 실력있는 성형외과 의사라 할지라도 사람의 내면을 고쳐주지는 못한다.

여러분이 흘린 땀만큼 만들어진 몸을 자랑스러워 해야 한다. 인공적으로 쉽게 만들어진 외모는 잠시 동안의 위안은 줄 수 있을지 몰라도 오랜 시간동안 자기 자신이 뿌듯해보이는 점은 주지 못한다. 수술을 잘해준 성형외과 의사를 오히려 대견스럽게 생각하면 모를까.

당당히 맞서라

요즘은 온라인상에서 친구를 쉽게 사귀고 쉽게 헤어진다. 또 강한 경쟁심이 무엇보다 더 요구되는 시대이기도 하다. 그렇기 때문에 믿어야 할 건 자기 자신밖에 없다는 생각들을 더 많이 가지고 있다.

자기 자신을 사랑하는 말과 약간 혼동될지 모르겠지만 여기서 필자가 하고 싶은 말은 좀 더 자기 중심적으로 변해야 한다는 것이다. 자기 중심적이 되어서 자신을 변호해야 하고 자기 자신에게 좀 더 호의를 베풀어야 하는 등 자기 중심적인 사고방식을 가져야 한다. 점점 더 경쟁이 치열해져 가는 시대에 살아남기 위해서는 자신을 돌봐줄 사람은 자신 외에는 아무도 없다는 생각을 가져야 한다. 좀 슬픈 현실이기도 하지만 사회가 그렇게 변해가는 걸 어떻게 하겠는가.

한 때는 길거리에서 언성을 높이며 서로 싸우는 건 예의없는 사람들이나 하는 짓이라고 하면서 손가락질 받던 시대도 있었다. 품위를 지키며 매너가 무엇보다 중요시 되던 그런 시대 말이다. 그러나 자신을 사랑하라는 관점에서 보면 다른 누군가가 나에게 위협을 가해오거나 악의적으로 피해를 입히려고 할 때 정당히 맞서 자신의 권리를 지켜내야 하는게 정답이다.

물론 많은 사람들이 보는 앞에서 누군가와 말다툼을 크게 하는 일이 일어나지 않게 처음부터 요령껏 피해 다닐 수는 있겠지만 아무리 그래도 언젠가는 그런 일들이 벌어지게 마련이다. 그런 다툼 속에 휘말렸을 때 그냥 묵묵히 뒤로 물러나거나 조용한데 가서 개인적으로 얘기하자는 말은 자기 자신에게 확신이 없다는 암시를 주는 것이다. 차라리 상대방을 비난하면서 자기 자신을 방어하는 게 더 낫다. 어렸을 때처럼 말이다.

일단 무조건 우기고 봤던 기억이 없는가? 자기 자신을 다치게 해서는 안된다. 물론 남도 다치게 해서는 더더욱 안되지만 현대는 경쟁 사회라는 걸 잊지 말아야 한다. 자존심 상하는 일을 무엇보다 싫어하는 10대들의 생각을 여러분도 가져야 한다.

혹시 소심한 사람으로 비칠까봐 아니면 버릇없는 사람으로 찍힐까봐 상대방에게 하고 싶은 말이 있어도 조용히 입을 다물고 자리를 떠나는 일이 있다면 그건 두 사람 모두에게 손해나는 일이다. 한 사람은 자존심을 꺽는 일이고 상대방은 자기 의견이 맞는지, 틀리는지, 다른 사람은 어떻게 생각하는지 알아볼 기회를 갖지 못하기 때문이다.

정중하게 예의를 갖춰야 할 자리가 있고 그렇지 않은 곳이 있다. 자신이 무시당하고 짓밟히는 와중에도 상대에게 예의와 격식을 갖추려고 하지 마라. 지금 시대는 좋든, 싫든간에 모든 사람들이 자신에게 이익이 되는 쪽으로 먼저 움직인다.

자기 자신과 자신의 이익을 지키기 위해서는 먼저 자신의 권리와 책임에 대해 확실하게 알고 있어야 한다. 그리고 자기 나름대로의 기준을 정해놓고 그 선 이상을 다른 사람이 넘어서려고 하는 순간 확실하게 경고의 메시지를 보내야 한다. 그 기준은 사람마다 모두 다르겠지만 자신이 원하는게 무엇인지 확실하게 알고 있어야 하고 상대방에게 요구하는게 무엇인지 분명히 밝히는 자기 주장이 있어야 한다.

그래서 때로는 불만 사항을 얘기하고, 다투기도 하고, 안되면 뒤로 뺄 줄도 알아야 한다.

당당해지라는 말은 여러분 모두가 다른 사람에게 무시당할 필요가 없으며 오히려 존중을 받아야 한다고 생각을 하라는 말이다. 여러분 스스로 정당한 일을 했다고 생각하면 그만큼의 보상을 받아야 한다. 여러분 모두는 각자의 인생을 행복하게 누릴 권리가 있고 당연히 그럴 가치가 있는 사람들이다. 스스로에게 당당하지 못한 사람은 절대 다른 사람 앞에서 당당해질 수 없다.

어렸을 때의 생각을 다시 떠올려 보자. 여러분이 어렸을 때도 지금처럼 자기 자신을 부정적으로 생각하고 소극적이었나? 젊음이 주는 지혜 중 하나가 바로 자기 자신에게 당당해지라는 것이다. 자기 자신을 부정하고 내 자신의 권리와 이익을 포기하고 뒤로 숨을 때마다 인생에서 더 큰 것들을 잃어버린다고 생각을 해야 한다. 다른 사람을 생각하기 전에 여러분 자신부터 먼저 생각해라.

감정의 꼭지점

사회 과학자들이 말하는 나이든 사람들의 특징 중 하나는 '지시적 의미'를 가지고 다른 사람들과의 관계를 맺어간다는 점이다. 즉, 나이든 사람들은 상대방이 내가 지시를 내릴 수 있는 사람인지 아니면 그 반대인지 또 동급인지를 먼저 판단한다고 한다.

나이가 어릴수록 그런 비교 기준을 두고 사람을 만나는 일은 거의 드물다. 대신 본능적으로 호감이 가는 사람인지, 아닌지를 결정하려고 한다. 즉, 나이든 사람과 달리 상대방의 기준이 아닌 나의 기준에 따라 움직인다는 말이다. 내가 그 사람과 있으면 얼마나 편안함을 느끼는지 또 내가 그 사람과 있으면 얼마나 만족감을 느끼는지 등 모든 게 자기 자신의 기준에 따라 정해진다.

바로 이런 모습들이 자기 자신을 더 사랑하게 되는 부분 중 하나이다. 젊게 생각하는 사람들에게 자기 자신을 사랑하는 일은 단순히 방황이나 자신감 결여와 같은 안좋은 감정이 드는 일과는 거리가 멀다. 자신에게 내재되어 있는 감정 자체를 일깨우고, 새로운 기분을 느껴보고 다른 사람의 감정에 대해서도 알고 싶어한다. 그런 것들이 많을수록 젊음 지수가 높아진다. 그리고 그런 마음들은 인간이라면 누구나 기본적으로 가지고 있다.

다음에 나오는 통계자료는 나이가 어릴수록 얼마나 새로운 기분을 느껴보고 싶어하는지를 보여주고 있다.

구분	15~17세	18~24세	25~34세	35~44세	45~54세	55~64세	65세 이상
나는 매일매일 새로운 기분을 느껴보고 싶다.	72%	73%	64%	59%	59%	54%	36%

출처 Sociovision 3SC UK, 2005

각자의 마음 속 깊숙이 존재하는 본능을 일깨우는 일은 젊게 생각할 수 있는 가장 핵심이 된다. 어떤 일의 인과관계에 나타나는 감정을 외적으로 좀 더 다양하게 나타내야 한다. 그래서 다른 사람과의 관계 속에 좀 더 솔직하게 자기 표현을 할 줄 알아야 한다.

인간에게는 무수히 많은 감정들이 존재하는데 왜 굳이 그것들을 숨기려 하는지 모르겠다. 다른 사람의 생각을 할 필요가 없다. 나이가 들어갈수록 감정을 숨기고 사는 법에 익숙해 지는데 절대 그래서는 안된다. 인간의 감정은 무조건 나쁜게 아니다. 때론 우리가 살아가고 있다는 것을 느끼게 해주고 직관적으로 만들어 주며 인간의 본능적인 감각을 일깨워 준다.

만약 나중에 라도 시합에 져서 울고 있는 운동 선수를 여러분이 보게 되면 "울긴 왜 울어. 못난 놈같이!"라고 생각하지 말고 자기 자신의 감정에 좀 더 솔직한 사람이라고 이해하자. 다른 사람의 감정에 대해서 충분히 인정을 해줘야만 내 자신의 감정을 표현하는 일이 좀 더 쉬워질 수 있다.

다른 사람을 돕는 일 |

challenges

"다른 사람이 정말로 힘들어 하는 모습을 보면서 조금이라도 도움이 될 수 있을까 하는 마음에 손을 내밀었던게 언제가 마지막이었나?"

"자신보다 형편이 더 안좋은 사람들을 위해 봉사 활동을 한 적이 있습니까?"

먼저 자신을 사랑하라

자기 자신을 사랑하라는 말은 젊게 생각하고 살고 싶은 사람들에게 가장 중요한 얘기이다. 하지만 자기 자신을 사랑하는 일은 하루하루 먹고 사는 걸 걱정해야 할만큼 어렵고, 힘들게 살아가고 있는 사람들과 함께 해야 한다. 사회적인 도움이 필요한 사람들에게 관심을 기울여 봉사 활동을 하거나 기부금을 내는 일은 물론 자기 자신만 사랑해서는 안되고 철저하게 다른 사람을 먼저 생각해야 한다.

다만, 자신의 모든 걸 망각한 채 다른 사람에게 자선을 베푼다는 생각은 잘못된 생각이다. 자신에게 적당하다고 생각되는 시간과 기부금으로 남을 도와야 하고 평등한 인간으로 느끼는 감정을 가지고 있어야 한다. 그래야만 진실로 그 사람을 도와주는 게 된다. 다른 사람을 도와줄 때 자신의 모든 걸 내어준다는 생각은 정말 말이 안된다. 일부 독자에게는 귀에 거슬리는 말처럼 들리지도 모르겠지만 필자의 생각은 이렇다.

첫 번째로 다른 사람을 도우면서 느끼게 되는 기분은 시간이 지날수록 강도가 약해지고 그에 따라 정신적으로나 감정적으로 처음에 느꼈던 그런 새로운 기분은 차츰 없어져 간다. 그렇기 때문에 스스로 자신을 발전시키려는 노력을 계속 해야 한다. 성형으로 달라진 외모는 처음에는 좋을지 몰라도 계속 보게되는 자신의 얼굴에 신선함을 못느끼고 신경을 안쓸수록 점점 더 지저분해지고 볼품없어지는 것과 마찬가지이다.

두 번째로 자신이 시간이나 돈으로 도와준만큼 자신이 뭔가 성장해 나가고 있다는 느낌을 받아야 한다. 누군가를 도와준다면 그만큼 자신의 인격과 인간적인 매력에 자신감을 느껴야 한다.

세 번째로 자신이 하는 일을 통해 자신감을 얻어야만 그에 따르는 에너지와 통찰력 그리고 용기를 얻을 수 있다.

다른 사람을 진심으로 사랑하기 위해서는 먼저 자기 자신을 사랑할 줄 알아야 한다. 자기 자신의 감정에 좀 더 솔직해져야만 다른 사람을 진심으로 도와줄 수 있게 된다.

자기 자신만 너무 사랑해서 방종과 자만심에 빠지라는 말은 절대 아니다. 자율과 책임을 가지고 자기 자신을 사랑할 줄 알아야 한다는 얘기이다. 그리고 생각 자체가 진부해지고 고리타분해지기 시작하면서 잃어버리게 되는 자기 자신에 대한 사랑에 대한 얘기이다. 어렸을 때처럼 자신의 잠재 능력을 믿으며 자기 자신을 한없이 사랑했던 때로 돌아가자.

모든 일을 당연하게 생각하려는 경향이 생기는 순간부터 그 사람은 나이가 들기 시작하는 것이다. 여러분 모두가 너무 당연스럽게 "나는 아무런 재능도 없고 안좋은 일만 생긴다"라는 비관적인 생각을 빨리 버리고 "할 줄 아는게 아무것도 없다"고 생각하지 마라. 절대 당연한게 아니다. 여러분 자신을 사랑하게 되는 순간부터 자신에 숨겨져 있던 능력들이 보이기 시작할 것이다.

LIFE CHANGE !

오늘부터라도 자기 자신과 함께하는 시간을 많이 보내라. 근처 공원에 산책을 하거나, 방문을 걸어 잠그고 10분만 조용히 앉아 있거나, 운전 중에 라디오를 끄고 단 몇 분만이라도 조용히 있으면서 여러분 스스로와 대화를 나누어 보도록 하자.

여러분의 몸이 무엇이라고 말을 하는지, 여러분의 생각이 무엇이라고 말을 하는지 여러분의 소리에 귀를 기울여 보자. 그렇게 해서 여러분 스스로와 대화를 할 수 있다면 여러분 마음 속에 남아있는 어렸을 때 기억을 되살리며 그 때로 돌아가 보자.

사회봉사 활동

사회에서 여성들의 일자리가 점점 늘어나면서 자녀 양육에 자연히 소홀하게 될 수밖에 없고 많은 나라들에서 사회 치안 문제가 심각해지면서 아이들과 가난한 사람 그리고 상대적인 약자들이 더 많은 위험 속에 빠지고 있다. 개인의 이익이 먼저 요구되는 사회로 변해가면서 이런 문제들은 더 커질 수밖에 없다.

그나마 자선 활동들이 점점 더 많이 일어나고 사회의 도움이 필요한 사람들에 대한 관심이 빠르게 높아지고 있지만 노령화가 빨리 진행되고 있는 나라일수록 많은 노인들이 정부나 사람들의 관심밖에 지내고 있다. 일부 나라에서는 2020년 무렵에는 두 가구당 한 집꼴로 누군가의 도움이 절실히 필요한 상태에 빠지게 될 것이라고 경고하고 있다.

이런 상황 속에서 젊게 생각하는 사람들 위주로 많은 이들이 사회 참여 및 봉사 활동에 뛰어드는 일이 많아지고 있다. 자신이 살고 있는 세상에 대한 관심이 그만큼 많아서 일수도 있고, 세상을 다르게 만들고 싶어하는 마음이 더 커서일 수도 있다. 또 다른 사람을 도우며 사는 일을 통해 자신을 좀 더 나은 인격체로 만들고 싶어 하는 마음이 강해서 일수도 있다. 미국의 어느 통계자료에서는 2002년부터 2005년까지 대학생들의 사회봉사 활동이 전보다 20% 가까이 증가했다고 발표했다.

이런 일들은 본인이 즐거움을 느끼지 못하거나 어떤 만족감이라도 갖지 못한다면 절대 할 수 없는 일이다. 젊게 생각하는 사람들이 이렇게 각종 사회운동 참여, 봉사 활동에 자발적으로 참여하려고 하는 모습은 그들 스스로 사회 문제의 최전방에 서려고 하는 경향이 강하기 때문이다. 어떨 때는 환경 보호를 위해 개발 반대 운동에 몸을 내던지기도 한다. 그에 반해 나이 든 사람들은 서로가 원만하게 타협을 하는게 최고라고 생각하면서 시간이 가기만 바란다. 이건 우리들 모두가 촛불 시위를 통해 경험해 보기도 했던 현상이다.

나이든 사람들은 뭔가 달라지기를 바라면서 행동하려고 하지 않는다. 자신의 삶에 변화를 주어야 할 때조차 그들은 자신이 아니라 사회에서 어떻게 받아들여질지를 걱정한다. 그래서 앞에서 말했듯이 나이가 들수록 다른 사람들이 나보다 사회적으로 지위가 높은지, 아닌지를 먼저 본다.

자신의 금전적인 이익을 위해서만 생각하지 말고 다른 사람에게 도움을 줄 수 있는지 생각해야 한다. 기부금 명단에 자신의 이름이 있는지, 없는지만 신경을 써도 안되고, 나만 너무 나서는거 아니야라는 생각으로 주위 시선을 의식할 필요도 없고, TV 방송에 나오는지, 않나오는지에 따라 다르게 행동해서도 안된다.

> 그 사람의 참된 모습을 알고 싶다면 자기 자신에게 아무런 도움도 되지 못하는 사람에게 어떻게 대하는지를 보면 된다.
>
> _ 괴테

생각이 고리타분하고 구시대적인 사람들은 세상이 어떻게 되든지 자신의 사회적 지위에만 신경을 쓴다. 반대로 젊게 생각하는 사람들은 자신이 옳다고 판단되면 자신이 가진 것을 지키기에 급급하지 않고 세상을 변화시키기 위해 한 걸음씩 앞으로 나간다.

사회봉사 활동을 꾸준히 하는 게 나이에 상관없이 젊음을 유지하는데 좋다라는 연구자료도 있다. 즉, 세상을 변화시키고 싶다는 마음이 있다면 다른 사람에게 도움을 주게 되고 결국은 젊게 생각하며 살 수 있게 된다는 말이다.

자기 자신을 사랑하는 것은 젊게 생각하고 젊게 살아가는 데 있어 가장 밑바탕이 된다. 자신에 대한 자긍심과 삶에 대한 애착을 더 가질 수 있게 해준다. 또한 떳떳함을 가질 수 있게 해주고 다른 젊음의 지혜들을 원활하게 터득할 수 있게 도와준다.

4장에서 말하는 지혜를 가지게 되면

♠ 자신이 가진 잠재 능력을 믿고 발휘할 수 있게 된다.

♠ 자부심과 자존심을 가지고 일을 할 수 있게 되고 세상을 넓게 바라 볼 수 있다.

♠ 자기 자신을 사랑하게 되면 다른 사람들에게 도움을 줄 수 있게 된다.

여러분 자신에 대해 긍정적으로 바라보는 시각이 생겼습니까? 그렇다면 정말 다행입니다. 앞으로도 여기서 얘기한 것들을 항상 명심하고 지낸다면 자기 자신을 못믿는 생각은 말끔히 사라질 것입니다. 이 장에서 말한 내용을 어느 때나 상기하길 바랍니다.

Six steps to staying younger and feeling sharper

You can
be as
young
as you
think

새로운
사람들을 사귀자

　　　　　한 쌍둥이 소녀가 러시아에서 이탈리아
로 전학을 하게 되었다. 학기 중간에 입학을 해야 했기 때문에 학교
담임 선생님은 걱정이 이만저만 아니었다. 태어나서 처음 와보는 나
라에 적응하며 살기에는 너무 어리게 보였고 이탈리어 말도 한마디
못하는게 무엇보다 걱정이었다. 거기다 반 애들은 학기 중간이었기
때문에 마음에 맞는 아이들끼리 무리를 지어 몰려 다녀서 그 안에 새
롭게 끼어들지 못하고 왕따처럼 지내게 될게 뻔해 보였다.

　하지만 그 쌍둥이 소녀들은 학교에 전학을 하고 나서 얼마 되지않
아 친구들과 어울려 다니며 이탈리아 아이들과 의사소통에 아무런
문제도 없어 보였다. 이탈리아 말을 모른다고 주눅이 들기는커녕 다
른 아이들에게 러시아 말로 의사를 전달하고 있었다. 그리고 몇 달이
되지 않아 그 쌍둥이 소녀들은 각기 다른 친구들을 사귀기 시작했는
데 그 모습을 보고 담임 선생님은 너무 놀랍기만 했다. 특히 말이 전
혀 통하지도 않는데도 반 아이들과 친하게 지내는 그 모습은 전혀 상
상할 수조차 없던 일이었다.

이 쌍둥이 소녀들의 모습은 젊게 생각하는 사람들에게 나타나는 가장 기본적이고 자연스러운 모습이다. 어떻게 보면 다른 친구들에게 따돌림을 받거나 전혀 같이 어울리기 힘들어 보이는 상황이라고 할지라도 아무런 거리낌없이 자연스럽게 그 안에 녹아들어 자신이 중심이 되는 쪽으로 방향을 돌려놓는다.

아이들의 이런 모습과 달리 나이가 든 사람들의 현실은 참 슬퍼 보이기만 한다. 아이들은 말이 통하지 않는 다른 나라 아이들과도 아무런 문제없이 친구를 사귀는데 반해 나이가 든 사람들은 같은 나라말을 쓰는 사람들끼리도 서로 어울려 지내는 일에 인색하고 새로운 인맥을 만드는 일에 전혀 신경을 쓰지 않는다. 조금이라도 낯선 사람을 대하게 되면 일단 무조건 색안경을 끼고 보거나 자신에게 해를 입히지 않을까 먼저 걱정부터 한다. 자신과 친하게 지내는 사람한테만 편안함을 느끼기 때문에 거기에 안주하려고 한다. 여러분도 만에 하나 이런 모습이 있다면 지금부터 여러분의 주위에 신선한 얼굴들이 많아지게 해야 한다.

신선한 얼굴들이란?

신선한 얼굴 즉, 새로운 사람을 여러분의 뻔한 인맥 안에 새롭게 편입시켜야 한다. 단순히 인맥을 넓히라는 말이 아니라 사람을 대할 때 무조건 "당신은 이 선까지, 당신은 저 선까지"라는 식으로 선부터 긋지 말고 완전한 오픈 마인드를 가지고 대하라는 말이다. 그래야 친구를 더 쉽게 많이 사귈 수 있다. 낯선 사람을 만날 때 의심의 눈초리부터 보내지 말고 믿음을 가지고 알아가야 한다. 또 너무 부끄러워하지 말고 적극적으로 나서야 한다.

누군가를 새롭게 안다는 일은 단순히 개인적인 일만으로 그치는 게 아니다. 자신의 사회적인 인맥에 새로운 사람이 하나 더 추가된다는 사실은 하루가 다르게 느껴질 수 있으며 생활의 활기를 느끼게도 해줄 수 있다. 신선한 얼굴은 신선한 생각과 얘기를 동반하고 사교성을 높여 주는 계기가 되기도 한다.

어느 누구나 새로운 사람들을 친구로 맞아들이는 일이 없게 되면 결국 그 사람은 혼자가 될 수밖에 없다. 우정이라는 것도 매번 손보고, 다듬는 정비 작업이 필요하다. 그렇다고 기존에 있던 친구들을 모두 버리라는 말은 아니다. 새로운 자리에서 새로운 사람을 만나는 일을 더 많이 경험하라는 소리이다. 새로운 사람을 만나서 느끼게 되는 재미나 삶의 활력소들이야 말로 나이 들어 보이게 생각하는 사람과 젊게 생각하는 사람이 가장 크게 비교되는 점이다.

새로운 사람들과 자주 만나라는 말은 사교성의 문제이기도 한데 개인적인 매력을 어느 정도는 가지고 있어야 한다. 다른 사람에게 호감을 주기 위해서는 상대방이 관심을 가질 수 있게 해야 하고 어필될 수 있는 무언가 있어야 한다. 과거에 사람 때문에 상처를 받았거나 피해를 입은 일이 있더라도 혹시 또 그러면 어쩌나 하는 불안감은 떨쳐버려야 한다.

오히려 그렇게 무서워 사람을 만날 때마다 의심을 가지고 대하게 되면 결국은 자기 자신의 자신감이나 자부심, 자존심만 떨어지게 되고 모든 사람들이 별로 달가워하지 않는 사람이 될 뿐이다. 여러분 모두는 다른 사람에게 매력적으로 보이고, 다른 사람들이 관심을 가질 수 있는 능력을 가지고 있다. 그걸 버리지 말기 바란다.

다른 사람을
받아들이는 것

다른 사람을 받아들이는 일은 분명 나이와 연관성이 많다. 다음 통계자료를 보면 그 사실을 좀 더 구체적으로 알 수 있다.

구분	15~ 17세	18~ 24세	25~ 34세	35~ 44세	45~ 54세	55~ 64세	65세 이상
나는 서로 다른 몇 몇 그룹의 인맥을 형성하고 있다.	51%	48%	42%	42%	35%	45%	32%

출처 Sociovision 3SC UK, 2005

나이가 들어갈수록 사람들을 멀리하려는 경향이 생기고 다양한 인맥을 가지는 것을 내키지 않아 한다. 그런데 여기서 말하는 그 나이가 들수록이라는 말에 해당하는 나이는 몇 살이나 될까? 놀랍게도 18살 무렵부터 시작되어 계속적으로 증세가 더 심해지다가 현업에서 은퇴하고 난 다음 잠깐 증가하고는 다시 감소를 한다.

나이가 어릴수록 사교성이 높다. 그래서 때론 그런 왕성한 사교성 때문에 한달치 핸드폰 요금 청구서를 보고 뒤로 자빠지는 부모들도 쉽게 찾아볼 수 있다. 이런 사교성은 앞에서 봤던 러시아 쌍둥이 소녀처럼 아이들에게는 너무나 자연스러운 현상이다. 하지만 젊게 생각하며 살아가는 사람들은 나이가 서른이든, 육십이든 상관없이 아이들과 같은 사교성을 가지고 있다. 여러분 주위에도 간혹 이런 사람들이 있을 것이다. 30분 동안 핸드폰 벨 소리가 한번도 울리지 않는 일이 거의 없을만큼 여기저기서 걸려오는 사적인 전화를 받느라 정신이 없는 사람이 필자 주위에도 몇 명있다.

새로운 사람들이 가져다 주는
좋은 점들

새로운 사람들과 사귀는 일이 많아지면 얻게 되는 좋은 점들을 간략히 살펴보면 다음과 같다.

♠ 긴밀한 유대관계와 그로 인한 다양한 얘기거리들을 가질 수 있다.

♠ 누군가에게 관심을 받기도 하고 누군가에게 관심을 가질 수 있다.

♠ 신선한 아이디어와 최근 정보를 입수할 수 있다.

♠ 삶에 대한 활력소를 가질 수 있다.

♠ 자기 자신에 대해 좀 더 많이 알 수 있게 된다(다른 사람들에게 많은 얘기를 들을 수 있게 되므로).

♠ 오랫동안 알고 지내던 사람들 사이에서 생길 수 있는 권태감에 새로운 자극제가 될 수 있다.

♠ 몇몇 가까운 친구나 가족들에게만 의존해야 하는 일이 줄어든다.

♠ 소외감을 느끼지 않게 해준다.

♠ 모든지 자녀 위주로 생활하다가 보면 결국은 자녀가 다 자라고 나면 남는게 하나도 없다. 그 때를 대비해서 지속적으로 여러 공동체 생활을 유지해야 한다.

♠ 곁에서 도와줄 사람이 많을수록 삶의 변화를 주는데 좀 더 부담이 덜할 수 있다.

외로움을
즐기지 마라

가끔 보면 주위에서 "난 아무한테도 방해받고 싶지않고 혼자 있는 게 너무 편해!"라고 하면서 혼자 만의 생활을 즐기는 사람들이 있다. 물론 그 중에는 정말 말처럼 그렇게 행복하게 지내는 사람들고 있고 반대로 말만 그럴싸하게 하면서 실제로는 불행하게 사는 사람들도 있다. 하지만 인간에게 가장 큰 고문은 아무도 관심을 가져주지 않고 소외를 시키면서 혼자 지내게 하는 것이다.

그런데 말처럼 이런게 가능하기나 할까?

학교 친구들이나 직장 동료들과 사이가 점점 더 멀어져서 사전 연락없이 결석하거나 출근하지 못했을 때 자신을 걱정해주는 사람이 하나도 없을 때도 이런 말이 쉽게 나올까?

나이가 든 사람일수록 그래도 괜찮다고 대답을 할 것이다. 왜냐하면 사람들로부터 관심을 받는 것도, 관심을 가지는 것도 귀찮게 느껴지기 때문이다. 그렇기 때문에 "지금 있는 친구들도 제대로 못만나는데 뭘. 그냥 가끔 연락이나 하고 지내면서 살면 되지, 굳이 또 친구를 새로 사귀어야 되나?"라고 말을 한다.

이런 생각은 대개 위험을 감수하는 일을 꺼려하는 순간부터 생각이 들기 시작한다. 어른들이 보기에 때론 무모해 보이는 아이들의 사교성의 반만 닮아도 낯선 사람과 만나는 일이 무조건 위험하게만 보이지는 않을 것이다. 그리고 위와 같이 사람을 만나는 일이 한번 싫어지기 시작하면 시간이 지날수록 더 심해져서 나중에는 다른 누군가가 말을 걸어와도 얼굴부터 굳어지면서 형식적인 대답만 몇마디하고 자리를 바로 뜬다.

그렇게 자기 자신을 점점 더 외롭게 만들면서 고립시키는 일은 절대 해서는 안된다. 앞 장에서도 말해듯이 자신이 편안하게만 느껴지는 안전지대에 머무른다고 모든 문제가 좋게 풀리는 건 절대 아니다. 과감히 자신의 틀을 깨고 나와야 한다.

가져야 할
세 가지 마음 가짐

새로운 인간관계를 형성해 나갈 때 젊게 생각하는 사람들은 기본적으로 다음과 같은 점에서 생각 자체가 나이 들어 보이는 사람들과 차이가 난다.

① 다른 사람과의 연계성
② 무리 속에서 느끼는 소속감
③ 다른 사람에 대한 신뢰

하나씩 차례대로 자세히 살펴보겠다.

"지난 3개월 동안 새로 알게된 사람은 몇 명이나 되고 그중에 아직
까지 연락을 하고 지내는 사람은 또 몇 명이나 됩니까?"
"당신과 완전히 다른 사회적 배경을 가진 친구는 몇 명이나 됩니까?"
"당신보다 나이는 어리지만 친구처럼 지내는 사람이 있습니까?"

사회적인 지위

누누이 말하지만 우리 모두는 지금 완전히 새로운 시대 속에서 살
고 있다. 그래서 과거에는 사회적 계층이 유사한 사람끼리 친분관계
를 쌓으면서 조금이라도 자신과 다른 계층 사람이거나 때론 인종이
다르거나, 국적이 다르면 그 사람과는 어떤 유대관계도 맺기 힘들었
던 시절도 있었다. 어쩌면 영화 타이타닉 호에서 제임스 카메론 감독
이 말하고 싶었던 것도 빙산 때문에 침몰하는 호화 유람선의 얘기가
아니라 사회적 관습에 가로 막혀 가라앉은 인간의 평등함에 대한 얘
기일지도 모른다.

그런 구시대에 비해 현재는 어떤가? 전 세계의 모든 사회들에서
더 이상 그런 면들은 보이지 않고 설령 그런 사회적 계층이 존재한다
하더라도 예전과는 많이 달라졌다. 예전처럼 무조건 복종해야 하고
충성을 맹세하면서 일방적인 권위 앞에 무릎을 꿇어야 하는 일은 없

다. 또 상류층에 있는 사람들도 더 이상 무조건적으로 존경하라고 명령을 내리지도 못한다. 지금 사회에서는 그 사람이 어떤 집안에서 태어났던지 상관없이 무슨 일을 했는지에 따라 상대를 존중하고 존경한다. 이런 변화가 모든 걸 말해주고 있다.

젊게 생각하는 사람들은 사회적 위계질서의 붕괴 현상을 긍정적으로 받아들인다. 그래서 어느 누구와도 친구가 될 수 있다고 생각을 하고 무슨 일을 하든, 어디를 가든지, 어떤 일에 관심을 가지든지 함께 할 수 있다고 생각을 한다. 그것처럼 기존의 사회적인 관습들을 거부하기 시작하면서 사회에서 성공할 수 있는 가장 큰 요인으로 자신이 어느 계층에 속하는 사람인지보다 개개인의 능력에 달려있다고 생각을 한다.

생각 자체가 나이 들어 보이는 사람들은 이렇게 사회적 위계질서를 무시하고 모든 사람이 평등하다고 생각하는 것 자체를 받아들이지 않는다. 그러면서 "나 어디어디에서 무슨 일을 하는 사람이야. 거기 알지?"라는 식으로 말하면서 거드름을 피운다. 그러면서 속으로는 자기 주위에 친한 사람이 많다고 믿는다. 자기가 높은 자리에 있기 때문에 다른 사람에게 영향력을 행사하면 친구가 될 수 있다고 편하게 생각을 한다. 또 돈이 많은 사람이라면 돈으로 무엇이든 살 수 있다고 믿는 면이 강하기 때문에 우정까지도 살 수 있다고 생각한다.

여러분이 살고 있는 지금 시대는 계급으로 인맥을 형성하기에는 한계가 너무 뻔하다. 새로운 사람과 인맥을 형성하는 데 가장 크게 작용하는 것은 그 사람이 얼마나 중요한 자리에 있는지보다 얼마나 관심을 가질 수 있는 사람인지에 따라 좌우된다.

격식을 따지지 말자

가게에 물건을 사러 가거나 식당에 밥을 먹으러 갔을 때 종업원이나 주인에게 자연스럽고 붙임성있게 이것저것 말을 거는 편입니까? 대중 교통을 이용해 여행을 떠날 때 옆에 앉은 사람과 얘기를 나눠본 기억이 언제가 마지막입니까?

길게 늘어진 줄을 서서 기다릴 때 팔짱을 끼고는 "나한테 말만 시켜봐라. 귀찮게"라는 식으로 짜증이 가득한 얼굴을 하고 있지는 않습니까?

위에 물어봤던 말들은 낯선 사람과 얘기할 준비가 되어있는지, 아닌지를 여러분 스스로 느껴 보라고 한 말이다. 여러분이 간혹 상대방에게 자기 자신을 소개하는 자리에서도 은연 중에 위에 물어본 마지막 질문과 같이 행동하는 모습이 있을지도 모르는 일이다. 어느 순간이든 형식이나 격식에만 너무 얽매이지도 말고 상대방에게 까다로운 사람처럼 굴지 않고 쉽게 다가설 수 있는 사람이 되도록 하자.

잘 알지도 못하는 사람과 함께 있는게 어색하고 불편하기만 한다면 그래서 처음 보는 사람 앞에만 서면 식은땀이 저절로 흐르는 사람이라면 그걸 극복할 수 있는 구체적인 방법을 이 책에서는 알려주지 못한다. 그건 이 책의 내용과 맞지 않는다. 단지 여기서 필자가 하고 싶은 말은 모든지 핑계대기에만 급급한 사람들은 약간의 노력과 자신감만 있으면 충분히 할 수 있는 일인데도 처음부터 끝까지 변명을 늘어놓는 일에 너무 익숙해져 있다는 사실이다.

젊게 생각하면서 생활하고 싶으면 격식이나 형식에 얽매여서는 안 된다. 그리고 다른 사람이 부담없이 다가와서 아무 말이라도 붙일 수 있게 분위기를 만들어야 한다. 한마디로 우리가 어렸을 때 했던 생각들을 떠올리면 된다.

"너, 나랑 친구할래?"

넓어진 생활반경

보통 우리들의 할아버지와 할머니들은 대개 같은 동네에서 자라나 결혼을 한 케이스가 많다. 그리고 부모님들 역시 그리 멀지 않은 이웃 동네에 살다가 만나서 결혼을 했다.

하지만 지금은 대부분 출생지가 서로 멀리 떨어진 커플끼리 만나 결혼을 하거나 다른 나라 사람들과 국제 결혼을 하는 모습도 심심치 않게 볼 수 있다. 직장 때문에 고향에서 멀리 떨어진 곳에 가서 근무를 해야 하는 일도 흔하게 벌어지고 때론 다른 나라에 가서 일을 하는 경우도 많다. 또 지금은 어렸을 때부터 해외 여행을 통해 외국 문화와 사람을 경험하는 일이 많아져 그만큼 생활 반경이 넓어진 사회 속에 살게 되었다. 그래서 나이가 어릴수록 낯선 환경과 낯선 사람들에 적응하는 속도가 더 빠르게 되어 상대방이 어떤 나라 사람이든, 인종이 무엇이든 그런 것에 별로 상관하지 않는다.

매일매일 새로운 사람을 만나는 일이 많아지게 되면서 그만큼 다른 사람들을 바라볼 때 선입견을 가지고 만나는 일이 얼마나 무의미하고 또 상대방에 대해 아무 것도 몰라도 별로 문제되지 않는다는 것을 터득하게 된다. 그래서 외국 사람도 아무런 거리낌없이 대하고 심지어 외계인조차도 어린 아이들에게는 친구처럼 보이는 것만 같다. 그래서 외국 사람들을 대할 때 아이들일수록 더 자연스럽게 다가가지만 나이가 든 사람일수록 일단 피하고 보는 걸 우린 모두 쉽게 발견할 수 있다. 상대방의 나이가 몇 살이든, 무슨 일을 하든, 고향이 어디든, 흑인이든, 백인이든 또는 동남 아시아인이든 그런 것에 너무 구애받지 말고 단지 그들의 이름만 기억하고 있으면 된다.

특히 국적이 어디든 상관하지 말고 다른 나라 사람들이나 사회적인 배경이 다른 사람들과 교류를 많이 가질수록 도움이 많이 된다. 앞으로는 본격적으로 다문화 사회로 진입하게 될게 뻔하므로 우물안 개구리가 되기 싫다면 지금부터 준비를 하고 있어야 한다.

다인종, 다문화가 한 곳에 어울려 살아가는 모습이 일반화 되어가고 있는 현실을 인식하지 못하는 사람들 즉, 고리타분하고 구시대적인 생각 속에 묻혀 살고 있는 사람들이 있다. 그런 사람 속에 포함되지 않으려면 다른 사람들과 어울려 살아가는 방법을 배워야 하고, 처음 보는 사람과도 금방 친해질 수 있게 노력을 해야 한다. 우리는 현재 다문화로 가고 있는 나라에 살고 있다는 사실을 잊어서는 안된다.

사회적인 변화의 흐름 속에 생활 반경이 예전과는 비교할 수 없을 정도로 넓어졌다는 사실은 누구나 알고 있다. 그렇다면 거기에 머무르지 말고 젊게 생각하고, 젊게 살아가는 사람들처럼 넓어진 생활 반경을 이용해 다양하고 많은 사람들을 새롭게 사귀어 볼 수 있는 기회로 받아들이자.

핸드폰과 인터넷

지금은 핸드폰이나 인터넷같은 최신 정보기술 덕분에 멀리 떨어진 사람과도 쉽게 연락을 취할 수 있고 시간도 별로 구애를 받지 않는다. 특히 핸드폰의 경우에는 그 발전 속도가 더 놀라워서 일부 국가에서는 유선 전화보다 오히려 사용자가 더 많다.

그리고 비행기에 탔던 승객의 1/3은 내리자마자 핸드폰을 켜고 통화를 하거나, 이메일을 확인하고 문자를 보낸다. 핸드폰뿐만 아니라 무선 랜의 발전으로 아무데서나 노트북을 열면 바로 인터넷에 접속할 수 있게 되어 그야말로 언제 어디서나 다양한 정보를 쉽게 얻을 수 있는 생활 속에 살아가고 있다.

그렇기 때문에 젊게 생각하는 사람일수록 늘 분주하게 움직여야 한다는 사실을 누구보다 잘 알고 있다. 그 안에는 아무 때고 어느 누구와도 대화할 준비를 해야 한다는 사실도 포함되어 있다. 요즘 아이들을 보면 이런 문화 속에 얼마나 깊게 빠져있는지 어렵지 않게 볼 수 있다.

　아이들에게 핸드폰이나 인터넷의 발전은 단순히 다른 사람과 연락을 쉽게 할 수 있게 만들어주는 생활 환경의 변화를 의미하는게 아니다. 그들은 한발 더 나아가 다른 친구들과의 유대감을 더 끈끈히 하고 자신들의 인맥을 더 넓혀나가는 계기로 활용을 한다. 그래서 인터넷이나 핸드폰에 접속하는게 아니라 다른 사람에게 접속한다는 생각을 한다.

최근 미국의 한 조사에 따르면 성인 여성이 한 달에 평균 453분의 핸드폰 통화를 한다고 한다. 그리고 남자는 한 달에 평균적으로 458분의 통화를 하는 것으로 조사됐다.

뭔가 이상하지 않나? 일반적으로 여자가 남자보다 전화 통화를 더 많이 한다고 알고 있는데…. 이상하게 생각할 것 없다. 여자는 핸드폰 통화 외에 집 전화로 한 달에 평균 455분을 통화한다고 조사됐으니까 말이다. 그래서 결과적으로는 남자보다 여자가 한 달에 평균적으로 15시간 이상을 더 전화통화를 하며 지낸다고 조사됐다. 깨어있는 시간의 약 3%를 전화 통화로 다른 사람들과 얘기를 하며 지낸다. 그만큼 남자보다는 여자들이 다른 사람과의 교류가 활발하다고 생각을 해야 한다. 단순히 수다 떠느라 시간을 허비한다고 생각한다면 필자가 지금까지 얘기한 내용을 제대로 읽어보지 않았다는 것이다.

학생들이 핸드폰으로 문자를 주고받는 모습을 보고 있으면 그 좁은 키패드 안에서 손가락이 보이지 않을 정도로 현란하게 움직이는 것에 깜짝깜짝 놀랄 때가 많다. 마치 바로 앞에 앉아 있는 사람과 대화하는 수준으로 문자를 주고 받는다. 그러면서도 다양한 이모티콘을 활용해 순간의 감정까지 그대로 전달한다. 꼭 말을 해야 모든 감정이 전달되던 시대는 이미 지났다고 봐야 한다. 나이 든 사람들이 전혀 상상할 수 없을 정도의 속도로 모든 게 변하고 있다. 항상 분주히 움직여야 한다는 말은 결국 항상 친한 사람들 곁에 있어야 한다는 말과 같다. 그게 인터넷이 됐던, 핸드폰이 됐던지간에….

편지에도 자신의 속마음을 충분히 담아서 보내야만 상대방이 그 편지 안에 담긴 감정을 그나마 전달받을 수 있다. 예전에는 그렇게 편지처럼 장문의 글을 보내야만 가능했던 일들이 지금은 단 몇 글자와 이모티콘 몇 개로도 충분히 주고받는 시대이다. 감정을 주고받는 또 다른 매개체가 생긴 것이다.

갑자기 안좋은 일이 생겨 지금 당장 누군가의 위로가 절실히 필요할 때 핸드폰이 없었다면 어땠을까? 집전화를 이용하자니 다른 사람 눈치가 보이고 그렇다고 친구에게 답답한 속마음을 편지로 써서 보내자니 답장 받는데까지 며칠이 걸릴게 뻔하다. 지금은 속도의 시대이다. 내가 위로받고 싶고, 내가 기쁠 때 바로 그 순간 친구한테 오는 몇마디 문자가 더 깊은 우정을 싹트게 만든다.

이렇게 인터넷과 핸드폰으로 인한 접속 문화는 더 깊고, 넓은 유대관계를 형성할 수 있게 만들었다. 이런 네트워크 기술 속에서 젊게 생각하는 사람들은 그 어느 때보다 더 강한 유대관계를 맺으며 지내고 있다.

시대를 역행하는 사람들은 단지 친구 몇 명과 지인 열 명 정도만 만나면서 지낸다. 그에 반해 젊게 생각하는 사람들은 온라인 상에서 메신저나, 카페, 블로그 등을 통해 지구 반대편에 있는 사람들과도 친구처럼 지낼 수 있고 하루에도 수십, 수백 명들과 새로운 만남을 가진다.

그렇게 온라인에서 만나는 사람들이 얼마나 오래가고, 얼마나 깊게 가는지를 걱정하지 말고 그런 것을 통해 얻게되는 장점만 생각하면 된다. 실생활에서 수많은 지인들로 넘쳐나게 할 수 있는 능력을 어떻게 하면 가질 수 있는지 알아야 한다. 주위에 우호적인 관계 속에 알고 지내는 사람들이 많을수록 젊게 생각하며 살아갈 수 있고 결국에는 성공을 향해 갈 수 있다.

여러분이 지금 그렇게 하고 있지 못하다면 그건 곧 오늘이라는 시간에 접속을 하지 못하고 있는 것이다.

군중 속에 하나가 되는 소속감 |

"지난 3개월 동안 친구들 전체가 만나는 자리를 가진 적 있습니까?"
"개인적으로 가입해서 활동하고 있는 동호회가 있는지 아니면 다른 취미 생활을 위해 어느 모임에 가입해서 활동하고 있습니까?"

동질감을 느껴봐라

나이가 어릴수록 무리 속에 쉽게 녹아든다. 또 여러 사람들이 많이 모인 자리에서 생겨나는 다양성에 대해 즐거워하고 집단적으로 같이 느끼게 되는 감정들을 좋아한다. 일반적으로 이런 현상을 가지고 소속감을 느끼고픈 열망이 강해서라고 한다. 물론 모든 사람들이 군중 속에 있는 걸 좋아하지는 않는다. 여러분도 이런 사람 중 하나일테지만….

사람이 많이 모이면 일단 너무 시끄럽고, 지저분하고, 여러 부류의 사람이 모이다 보니 그 중에는 추접한 사람도 있을 수 있고, 좀 거칠게 보이는 사람도 있을 수 있다. 또 좁은 장소에 옹기종기 모여 있다 보면 자연스럽게 몸끼리 부딪치는 일도 많아지고 하여튼 불편한 일이 너무 많아서 사람들이 모인 곳에 가는 걸 싫어할 수도 있다. 또 그렇게 사람이 많이 모이는 곳에 나가는 걸 마냥 좋아하는 사람들을 이해하기도 힘들어 한다.

그러나 여러분이 위와 같은 이유들로 사람들이 많이 모인 장소에 나가는 걸 싫어한다면 혹시 사람들로부터 도망치려고만 하는 건 아닌지 다시 한번 생각해 봐야 한다. "난 정말 거기 참석하고 싶지 않아. 오는 사람들이 너무 많잖아!"라는 생각은 낡고 진부한 사람들이나 하는 생각이지만 이 역시 대부분 20대부터 이런 생각을 하며 산다.

구분	15~17세	18~24세	25~34세	35~44세	45~54세	55~64세	65세 이상
나는 사람이 많이 모인 자리에 가는 게 즐겁다.	75%	74%	65%	58%	51%	47%	29%

출처 Sociovision 3SC UK, 2005

사람이 모이는 장소가 콘서트 장이든, 프로야구나 프로축구를 하는 경기장이든, 놀이공원이든, 전시회장이든 어디든 상관없이 그곳에 가면 군중들이 발산하는 에너지를 느낄 수 있다. 그런 곳에서 여러 사람들과 함께 어울리다 보면 인간애를 느낄 수 있어 행복하고 같이 모인 사람에게 존중받고 또 존중해줄 수 있게 된다. 그리고 무엇보다 공동의 목적을 가지고 모인 사람들과 함께 하다보면 동질감이 최고조로 달아오르는 것을 느낄 수 있다.

거대한 군중이 모이는 일은 그렇게 흔치 않기 때문에 수많은 사람들이 서로 비슷한 감정을 공유하는 일 또한 일반적으로 힘들다. 그렇기 때문에 젊게 생각하는 사람일수록 거대한 군중과 함께하는 동질감을 느끼고 싶어 사람이 많이 모이는 장소를 찾아다닌다.

여러분은 이런 경험을 느껴본 적이 있습니까?

옆 사람에게서 뿜어져 나오는 엄청난 감정을 느껴본 적이 있습니까?

주위에 있는 모든 사람들과 아주 강하게 하나가 되는듯한 기분을 느껴본 적이 있습니까?

근래에 그런 적이 없어서 잘 모르겠다고 한다면 월드컵 경기가 열리던 그 때의 기억을 되살려보면 된다. 순수한 감정이 순간적으로 용솟음치면 그 안에는 혼이 담겨져 있게 된다. 그런 혼이 담긴 감정을 분출하고, 공유할 수 있는 기회를 찾아 나서야 한다.

사람들 속에서 친구를 찾아라

앞에 나왔던 통계 자료를 보고 한 가지 유추해 볼 수 있는 사실은 친구를 사귀게 되는 방식이 나이에 따라 변한다는 것이다. 내가 하고 있는 일과 똑같은 일을 하고 있는 사람들 사이에서 친구를 사귀고, 내가 있는 장소와 같은 곳에 있는 사람들 속에서 친구를 사귀게 된다.

다시 말하자면 내가 학교를 다니고 있을 때는 학교 안에서, 직장을 다니고 있을 때는 직장 안에서, 종교 활동을 하고 있을 때는 그 안에서, 취미 생활을 하고 있을 때는 같은 취미를 가진 사람 안에서와 같이 자기와 같은 일을 하고, 같은 장소에 같이 있는 사람들 사이에서

친구를 발견한다. 이 때 상대방의 사회 계층이나 생활 태도, 가치관
이 비슷하다고 해서 그런 사람들끼리 먼저 모여서 서로에 대해 확신
이 서면 그 때야 비로써 친구로 한번 사귀어 볼까라고 생각하지는 않
는다.

독자 여러분 중에는 이렇게 생각하는 사람도 분명 있을 것이다. 다
른 사람과 친구가 되기 위해서는 서로의 생활 수준이 비슷해야 하고
종교도 같아야 하고, 도덕관이나 정치관이 맞아야 하고 여러모로 생
각하는 게 비슷해야 한다고 생각할지도 모른다. 그런 생각이 마음 속
에 자리잡고 있다면 나도 모르게 나이가 들어버린 건 아닌지 생각을
해봐야 한다.

친구와 똑같은 가치관을 가져야 할 필요는 없다. 젊음의 지혜는 자
신의 친구와 가치관이나 신념까지 같게 만들려고 노력할 필요가 없
다고 알려준다. 서로 180도 다른 관점을 가지고 있더라도 친구가 될
수 있다. 자신과 생각이 똑같은 사람들 중에서 친구를 찾으려 하지
말고 반대되는 사람들 중에서 친구를 찾으려고 한다면 더 많은 친구
를 사귀게 될 수 있다.

지금이라도 당장 밖으로 나가 사람들과 친밀한 유대관계를 맺을
수 있는 기회를 가져라. 여럿이 모인 장소에 나가는 걸 더 이상 두려
워하지 말고 적극적으로 참석을 해라. 다른 사람들과 같은 장소, 같
은 시간, 같은 일을 공유해야 소속감과 동질감을 느낄 수 있고 그래
야만 마음이 맞는 사람들을 더 많이 만날 수 있다.

신뢰를 구축해라 │

challenges

"여러분은 친구와 함께 있을 때 아무런 경계심 없이 마음을 완전히 터놓으며 편하게 있습니까?"

"여러분의 집앞에서 오토바이를 타고 가던 사람이 넘어져 쓰러졌다면 집안으로 데리고 와서 정신을 좀 차릴 때까지 잠시 머무르게 할 수 있습니까?"

수많은 여론조사 결과에서 갈수록 공공시설(학교, 병원 등)이나 정부에 대한 사람들의 신뢰도가 떨어지고 있음이 나타나고 있다. 기자, 정치인, 의사, 과학자들에 대한 불신이 점점 더 팽배해지고 있어 당사자들은 더 큰 심적 고통을 받고 있다.

하지만 이렇게 다른 사람들을 무조건적으로 못믿고, 비관적으로 생각하면서 생활하고 있다면 굉장히 잘못된 생각이다. 젊게 생각하는 사람들은 일반적으로 다른 사람들을 믿으려고 하는 경향이 강하다. 다른 사람을 새롭게 친구로 맞아들이기 위해서는 그 사람의 좋은 점만 보려고 해야 한다. 상대방에 대한 믿음이 있어야 서로간에 신뢰를 구축할 수 있게 된다. 어느 누구도 믿지 못한다면 친구 한명 없이 인생을 우울하게 보낼 수밖에 없다.

마음을 열어라

원래 인간관계 그 자체는 불투명해서 언제, 어떻게 될지 아무도 모른다. 그렇기 때문에 믿음이 없으면 절대 성립될 수가 없다. 우정이나 사랑은 법이 정한 계약서처럼 그렇게 의무적으로 따라야 하는 게 아니다. 누군가를 법이 정한대로 강제로 좋아하거나 사랑할 수는 없다. 진심 어린 인간관계를 맺기 위해서는 절대로 내가 얻을 수 있는 게 무엇인지 먼저 판단해 보고 얻을만한 게 있으면 친하게 지내고, 없으면 그만두는 그런 스타일의 접근 방식은 절대 옳지 못하다.

상대방에게 믿음을 주기 위해서 가장 중요한 일은 먼저 자신의 모든 것을 보여줘도 상관없다는 자신감이 있어야 한다. 내 자신의 속내를 더 많이 드러내 보일수록 당연히 상대방에게 뒤통수를 맞을 일이 더 많아지는 건 사실이다. 그렇기 때문에 상대방이 혹시 나를 이용하려 들지는 않을지, 쓸데없이 너무 많은 걸 보여줘서 나중에 더 곤란해지지는 않을지 등과 같은 불안감을 날려버릴 수 있는 자신감이 있어야 한다. 친구사이로 지내기로 한 계약서는 오직 마음 속에 있을 수 밖에 없다.

물론 상대방이 의심쩍어 보이는 행동을 계속 하거나 직관적으로 뭔가 안좋은 낌새가 느껴진다면 그때부터는 조심스럽게 접근을 해야 한다. 그런 경우가 아닌 일반적인 상황이라면 먼저 상대방이 좋은 사람이라는 생각을 가지고 인간적인 면과 우정을 나눌 수 있는 사람인지를 긍정적인 관점에서 바라봐야 한다. 또 상대방이 내게 속내를 털어놓으며 다가온다면 비관적으로만 보지 말고 기쁘게 맞이해라.

생각 자체가 나이들어 보이는 사람들은 다른 사람과 진솔한 대화
를 나누는 걸 싫어하는 경향이 있다. 말 한마디 잘못했다가 괜한 책
임을 져야하는 일이 생기지나 않을지 걱정을 하기 때문이다. 누군가
말을 걸어 오면 일단은 나한테 원하는 게 뭐야라는 생각을 한다. 그
래서 빙빙 돌려 다른 말을 하거나 아무 말도 안하는 게 제일 좋다라
고 여기고 어쩔 수 없이 대화에 끼어들 수밖에 없을 때는 날씨 얘기
정도만 한다.

반대로 젊게 생각하는 사람들에게 아무 말도 하지 않고 가만히 앉
아 있는다는 건 절대 있을 수 없는 일이다. 어떤 일에서든 자신의 감
정을 있는 그대로 드러내고 자기 자신에게 솔직해 지려고 하는 게 젊
음만이 갖는 고유함이다. 다른 사람들 앞에서 자기 자신을 그대로 보
여주는 일이 크게 문제될게 없다는 자신감을 가지고 있으며 그렇게
해야만 서로 존중해주는 마음이 생긴다고 믿는다.

젊게 생각하는 사람들이 모든 사람을 믿는 건 절대 아니다. 예를 들어 그들은 감정을 잘 드러내지 않는 사람이나 자신의 감정까지 속이는 사람들(특히 나이든 사람들)은 별로 믿지를 않는다. 숨기는 게 많은 사람일수록 사기꾼 기질을 가지고 있고 그래서 더 감정을 숨기려고 한다고 생각을 한다. 현 시대에서는 감정 억제를 잘 하는 사람일수록 의심의 눈초리를 많이 받는다. 사람을 대할 때 열린 마음으로 대하면 비밀이 없다는 뜻이고 위선적이지 않다는 뜻으로 받아들인다.

정보에 능통해라

나와 같은 생각을 하는 사람들을 믿으려는 추세가 갈수록 더 높아간다. 영업 사원, 과학자, 광고, 정치인, 저널리스트 등으로부터 얻는 정보에 대한 신뢰가 갈수록 떨어지고 오히려 친구나 지인들을 통해 얻는 정보를 더 믿으려고 하는 경향이 강해져가고 있다.

왜 블로그가 갑작스럽게 퍼지게 되었을까? 왜 광고주들은 이메일 마케팅에 열을 올리게 되었을까? 왜 게시판 문화가 이렇게까지 활성화 되었을까? 그것은 나와 같은 생각을 하는 사람들을 주위에서 찾아보고 그들이 주는 정보를 바탕으로 최종 결정을 내리는 모습들이 많아졌기 때문이다.

MP3를 사고 싶을 때 가게 점원한테 물어보지 않고 주위에 전문가가 누구 없는지 찾아본다. 몸에 종기가 났다면 의사를 찾아가기 전에 친구의 친구까지 다 동원해서 좋은 민간 요법을 알고 있는 사람이 없는지 알아본다. 새 차를 사고 싶을 때는 자동차 회사 홈페이지를 들어가서 정보를 얻으려고 하기보다는 그 차를 직접 몰고 다니는 사람들이 올린 사용 후기를 게시판을 돌아다니면서 쭉 훑어본다.

사람들이 기존에 쓰고 있던 제품을 다른 회사 제품으로 바꾸는 이유는 물론 가격적인 측면이 크게 작용하겠지만 두 번째는 바로 주위에 잘 알고 지내는 사람들이 주는 정보 때문에 바꾼다.

나와 같은 생각을 하는 사람들이라고 해서 나와 같은 가치관과 신념을 가지고 있는 사람들이 아니라 나와 같은 관심사를 가지고, 같은 장소에 머무르는 사람들을 뜻한다. 이제는 그 같은 장소가 물리적인 위치가 아닌 인터넷 상의 웹사이트나 게시판 등이 된 것이다.

젊게 생각하고 사는 사람들이야 말로 이렇게 접속 문화에서 선도적으로 살고 있는 사람들이다. 그에 반해 중년이나 노년의 젊음 지수를 가지고 있는 사람들은 아직도 무슨 문제가 생기면 주위에서 정보를 찾으려고 하기보다 그 분야에서 권위자라고 알려진 사람들의 말만 쫓아다니려고 한다.

- ♠ 자신과 전혀 다른 환경에 있는 사람들이나 나이 차이가 나는 사람들을 새로운 친구로 사귀어야 한다. 그렇게 되기 위해서는 형식이나 격식따위를 따지지 말고 누구에게나 마음을 열어놓고 있어야 한다.

- ♠ 인맥을 넓히기 위한 도구들을 나름대로 활용할 줄 알아야 한다.

- ♠ 사람이 많이 모인 곳들을 찾아 다녀라.

- ♠ 오픈 마인드를 가지고 다른 사람에 대한 믿음을 키워라.

You can
be as
young
as you
think

Youth Quotient **06**

항상
깨어 있어라

데이비드는 요즘 하루하루가 어떻게 지
나 가는지조차 모를 정도로 바쁘게 지내고 있다.

18개월 전만 해도 그는 이혼의 충격 때문에 나락의 길을 걷고 있었
다. 활동적이고 농담도 잘하고 장난치기도 좋아했던 그의 아내 수지
가 사랑스러운 두 아이를 데리고 그의 곁을 떠나버렸고 그 일로 인해
정신적 충격이 너무 커 모든 일이 뒤죽박죽이 되어 폐인처럼 살기 시
작했다.

수지는 가만히 있는 걸 싫어하는 성격 때문에 언제나 밖에 나가기
를 좋아했고 친구들과 어울려 노는 것도 좋아했다. 반대로 데이비드
는 퇴근 후에나 주말에는 집에서 편하게 쉬고만 싶어했다. 그렇게 부
부 사이의 상반된 성격 때문에 그 둘은 항상 티격태격했고 집에 있는
날은 수지가, 밖에 외출을 하는 날에는 데이비드가 피곤해 하며 스트
레스가 쌓여만 갔고 결국 둘은 갈라서고 말았다.

이혼 후 1년 가까이 아무런 의욕도 없이 시간을 보내다가 6개월 전
회사를 옮기고, 집도 이사를 하면서 새로운 인생의 전기를 맞이했다.

그동안 자신 안에 숨겨져 있던 에너지가 발산되면서 회사 일에도 능동적으로 나서기 시작했고 다양한 여가 활동을 즐기기 시작했다. 그리고 일주일에 한번씩 만나는 아이들과도 더 즐거운 시간을 보낼 수 있게 되었다.

2년 전에 이런 모습을 보였다면 이혼의 불행은 겪지 않아도 됐을 텐데….

항상 깨어
있어라는 말은

"항상 깨어 있어라"는 말은 "활기 넘치는 에너지를 가지고 인생을 통해 겪게 되는 수많은 기회들을 의욕적으로 맞이하라"는 말이다. 또 인생을 몽유병 환자처럼 그렇게 몽롱하게 살다 죽을게 아니라면 무슨 일이든지 관심을 가지고 적극적으로 나서서 즐거움과 만족감을 느끼며 살아야 한다는 말이기도 하다. 인생을 어떻게 살지는 여러분의 선택에 달렸다. 기쁨과 만족감을 얻기 위해 활기 넘치는 에너지를 가지려고 노력하겠다는 선택을 한다면 그 대가는 여러분이 꿈꿔왔던 삶이 이루어지는 순간을 맞이 할 수 있게 된다.

젊게 생각하는 사람들은 모든 순간을 기회라고 생각하고 받아들인다. 지금 이 순간에도 그들은 자신들이 하나라도 더 많은 경험을 하기 위해 나설 채비를 한다. 발등에 불이 떨어져야만 움직이는 모습은 절대 찾아 볼 수 없다. 기회는 미리 예고를 하고 찾아오는 법이 없기 때문에 준비를 하고 있어야 한다.

대부분의 사람들은 비몽사몽의 상태로 세상을 살아간다. 매일 똑같이 반복되는 일상 속에 느슨해져만 가고 매사가 무기력해져만 간다. 그래서 자신 앞에 기회가 찾아와도 번번히 놓치고 만다. 완전히 깨어 있어야 기회가 왔을 때 대처를 할 수 있을텐데 잠에서 덜 깬 상태로 있기 때문에 기회가 왔는지도 모르고 보내는 경우가 많다. 행운이라는 것도 깨어 있는 상태에서 준비를 하고 있는 사람에게만 찾아온다. 자고 있으면 행운이 왔었는지도 모른다.

때론 무모해 보이기만 하는 즉흥적이고 충동적인 행동이 아무런 활력도 느낄 수 없는 행동보다 더 나을 때가 있다. 구체적인 계획도 없이 일단 일을 저질러 놓고 보는 건 10대들이 제일 잘한다. 그런 에너지와 결단력은 그들만의 매력이기도 하다. 그만큼 그들은 깨어 있다라는 말이다. 졸린 상태로 세상을 살아가는 어른들에게는 절대 찾아 볼 수 없는 점들이다.

멀티 태스킹 |

어떤 사람이 항상 깨어 있는 사람일까? 기회를 잘 잡는 사람, 상대의 말을 잘 들어주는 사람, 심사숙고해서 이성적인 판단을 하는 사람, 마무리를 좋게 하는 사람….

'항상 깨어 있어라' 는 말은 멀티 태스킹이 가능해야 한다는 말과 일맥상통한다. 젊게 생각하며 살아가는 사람들이야 말로 최고의 멀티 태스킹 능력을 가지고 있다. 그들에게 무의미한 시간은 존재하지 않는다. 그들은 인생은 짧고, 시간이 부족하다고 생각을 하기 때문에 멀티 태스킹만이 정해진 시간을 좀 더 잘 활용할 수 있는 방법이라고 생각한다.

멀티 태스킹을 위해서는 무엇보다 시간 관리가 생명이다. 항상 깨어 있어야 하는 일은 무척이나 피곤하고 힘든 일이기도 해서 젊게 생각하고 살아가는 사람들조차 가끔은 재충전의 시간을 가진다. 그래서 몸이 더 이상 버티지 못하고 지쳐 쓰러질 때쯤 되면 모든 걸 접어 두고 주말 내내 잠만 자거나 혼자 조용하고 한적한 곳을 찾아 시골 풍경을 맛보며 머리를 식힌다.

이렇게 해서 자기 몸 안에 쌓인 모든 스트레스를 해소하고 새로운 기분으로 다시 시작하려는 준비를 한다. 모든 에너지를 다 쏟아 부은 후 하루, 이틀 재충전을 하면서 다시금 에너지를 쏟아 부을 수 있게 한다. 젊게 생각하는 사람들처럼 자신의 인생에 대해 미쳐야 한다. 그렇게 미친듯이 살면서 한쪽 발은 액셀 위에, 다른 쪽 발은 브레이크 위에 올려놓고 미친 듯이 달리다가 엔진이 터질 것 같으면 브레이크를 밟아 잠시 쉬어 가야 한다. 나이 든 사람들은 브레이크 위에 올려 놓은 발에만 모든 힘을 다 쏟는다.

달리는 시간을 음미해라

'항상 깨어 있어라' 는 말이 매번 미친 듯이 달려서 심장이 터지기 일보직전까지 되도록 무조건 뛰어다니라는 의미는 아니다. 때로는 달리는 속도 조절도 할 줄 알아야 하는데, 그건 약간의 지혜가 필요하다.

인생이라는 긴 시간 동안 최고 속도만 내면서 미친 듯이 달릴 수는 없다. 너무 빠르게만 달려가다 보면 시야의 폭이 좁아질 수밖에 없기 때문에 그래서 더 속도 조절이 필요하다. 항상 깨어 있어야 하는 말이 담고 있는 가장 중요한 말 중 하나는 폭 넓은 시야로 세상을 바라볼 수 있어야 함이다.

우승을 위해 앞만 보고 달리는 경주마들처럼 그렇게 결승선이 있다면 상관없겠지만 우리에게 결승선이라는 건 없다. 있다면 죽는 순간이 될까. 그렇기 때문에 달리는 시간을 음미할 수 있어야 한다. 자신 주변에 무슨 일이 벌어지고 있는지를 보면서 달려야 한다. 달리는 속도를 조절하면서 잡지에 무슨 기사가 실렸는지 읽어보기도 하고, 마트에서 50% 할인 행사를 한다고 붙여놓은 포스터라도 들여다 볼 수 있어야 하고, 옆집 사람과 인사를 나눌 시간도 있어야 한다.

주위를 둘러보지 않고 앞만 보고 달린다면 사랑하는 사람의 생일도 잊어버리고, 근처에 사는 친구 얼굴을 마지막으로 본 게 언제인지 가물가물해지고, 영화를 보러간 게 언제인지 기억도 나지 않게 된다. 인생이라는 말 위에 올라타서 전속력으로 달리다가 친구가 사는 동네를 지나가게 되면 잠깐 속도를 늦추고 친구와 함께 얘기를 하는 시간을 가져라. 밤늦게 달리는게 외롭다면 잠깐 말에서 내려 심야 영화를 봐라.

인생이라는 말은 절대 지치는 일이 없지만 그 말 위에 올라탄 기수 즉, 여러분은 그렇지 못하다. 그렇기 때문에 속도 조절을 하면서 달리는 시간을 음미할 수 있어야 한다. 인생이라는 경주는 일등이 목표가 아니라 완주가 목표이며, 어떻게 완주하느냐에 따라 그 사람의 성공 여부를 판단할 수 있다.

달리는 시간을 음미하기 위해서는 시간을 잘 쪼개 쓸 수 있게끔 현명한 판단을 내릴 줄 알아야 한다. 그래야만 에너지를 효율적으로 쏟아 부을 수 있고, 기쁨과 만족감을 더 많이 느낄 수 있게 된다.

언제는 무조건 빨리 달리라고 했다가 지금은 또 속도 조절을 하라고 했다가 필자의 얘기가 역설적이고 모순 투성이라는 점은 인정한다. 인간은 어떻게 보면 모순 덩어리이기 때문에 어쩔 수 없다. 젊게 생각하는 사람들일수록 세상이 역설적이고 모순 덩어리이며, 생각보다 훨씬 복잡하고 심지어는 혼돈 그 자체라는 것을 아무렇지 않게 받아들인다. 오히려 그게 정상이라고 생각을 한다. 그래서 더 빨리 달리고 싶을 때는 오히려 속도를 줄이거나 먼 길로 빙 돌아간다.

지금 이 순간에 열중해라 |

"지금 이 순간에 열중하라"는 말은 항상 깨어 있기 위해 필요한 또

하나의 요소이다. 이 말은 자신이 무슨 일을 하고 있던 그 순간 만큼
은 완전히 몰입해야 한다는 뜻이다. 최대한 몰입해야만 최고의 만족
감을 얻을 수 있다. 마지못해 하는 일은 소득도 별로 없다.

사랑하는 사람과 함께 있을 때나 좋아하는 일을 하고 있을 때 시간
이 어떻게 지나갔는지도 모를만큼 그 순간에 푹 빠져 있었던 기억을
되살려보자. 젊게 생각하는 사람들은 모든 일에 그렇게 몰입을 하면
서 하루를 보낸다. 그런 사람들은 매번 뛰어난 집중력을 보이며 다양
한 곳에서, 다양한 사람들 사이에서 구경꾼이 아닌 주최자가 되어 능
동적으로 움직인다. 그래서 지금이라는 시간이 갖는 힘이 얼마나 큰
지를 알고 있다.

지금 이 순간에 열중하기 위해서는 다른 것과 마찬가지로 시간 관
리를 잘 해야 한다. 일하는 시간에는 일에만, 자기 시간을 갖고 휴식
을 취할 때는 휴식에만 몰입해서 시간이 어떻게 지나가는지 모를만
큼 열중해야 한다. 일하는 시간에 몰입하지 못하는 사람들은 점심 시
간에 일 생각을 하거나 퇴근하고 나서도 뭔가 찜찜한 기분을 떨쳐버
리지 못한다. 또 쉬어야 할 시간이나 여가 활동 시간에 몰입하지 못
하는 사람은 억지로 쉬는 시간을 만들려고 자기 자신을 합리화시킨
다. 그리고 사랑하는 사람과 함께하는 시간에 몰입하지 못하는 사람
은 헤어지고 나서 후회한다.

지금 이 순간을 소중하게 생각하고 열중하는 사람만이 인생을 풍
요롭게 만들 수 있다.

에너지를
만들어라

10대들은 절대 내일을 위해 오늘 쓸 에너지를 조금 남겨 놔야지라고 생각을 하지 않는다.

다음 통계자료를 보면 우리가 얼마나 이른 나이부터 몸 속에 기운이 없다고 생각을 하는지 알 수 있다. 10대 후반부터 그렇게 생각한다는 사실이 놀랍기만 하다.

구분	15~17세	18~24세	25~34세	35~44세	45~54세	55~64세	65세 이상
나는 언제나 기운이 넘쳐난다고 생각한다.	63%	53%	43%	37%	33%	29%	21%

출처 Sociovision 3SC UK, 2005

위의 자료를 보면 몸 속에 에너지가 없어져 간다고 느끼는 건 나이와 별 상관이 없어 보인다. 실제로도 노인 중에는 에너지가 넘쳐나 굉장히 정력적으로 살아가는 사람도 있는가 하면 반대로 점심때 쯤 일어나서 하루종일 집에서 빈둥거리다가 누가 뭐라고 하면 대들지도 못할만큼 기운이 축 늘어져 지내는 10대들도 있다.

위의 자료 중 여러분이 생각해야 할 점은 나이가 몇 살이든지 위의 질문에 긍정적으로 대답한 사람들 중에 여러분도 포함되어야 한다는 사실이다. 나이가 어릴수록 에너지가 자연스럽게 넘쳐날 수밖에 없는 건 어쩔 수 없다치더라도 나이에 상관없이 삶의 에너지를 많이 가지려고 노력을 해야 한다. 그건 오로지 마음먹기 달린 문제이다.

생각 자체가 나이가 든 사람들은 자기 몸 속에서 에너지가 줄어든다는 걸 자연스럽게 받아들인다. 하지만 나이에 상관없이 젊게 생각하는 사람들은 절대 그렇게 생각하지를 않는다. 기운이 없어져서 게으르게 되는 걸 가장 두려워한다. 나이를 먹었기 때문에 기운이 없어지는게 아니고 나이를 먹었다고 생각하기 때문에 기운이 없어지는 것이다.

젊게 생각하는 사람들은 자신의 기운이 다 고갈됐다고 느끼면 새로운 에너지를 만들기 위해 더 활동적이 된다. 예를 들어 수면제를 먹고 잠을 푹자기보다는 퇴근 후 여가 활동을 통해 자신의 기분을 최고로 만들어 줄 수 있는 자리를 만들면서 새벽까지 열정적으로 빠져든다. 그리고 그런 시간을 통해 새로운 에너지를 만든다.

물론 사람마다 잠자리에 드는 시간이나, 잠자는 시간이 다 다르다. 어떤 사람은 초저녁잠이 많고 또 어떤 사람은 새벽잠이 많고 어떤 사람은 하루에 3시간만 자도 팔팔한 사람이 있는가 하면 또 누구는 하루에 8시간 이상 자야 피곤이 풀린다는 사람도 있다. 의학계에서도 수면의 중요성을 얘기하면서 노화방지를 위해서는 잠을 푹 자야 한다고 말한다.

하지만 지금 여러분이 적당하다고 생각하는 수면 시간이 있다면 그 시간에서 하루에 15분 씩만 덜 자는 연습을 한번 해보자. 하루에 15분이 일주일 동안 모이면 105분이 되고 한 달이면 7시간 50분이 된다. 그렇게 해서 일 년을 지내면 지금까지 여러분이 잃어버리고 있던 3일 하고도 18시간을 되찾을 수 있다.

필자의 말이 또 역설적으로 들릴 수도 있겠지만 더 많은 에너지를 얻기 위해서는 여러분이 지금까지 지니고 있던 에너지를 모두 쏟아부어야만 한다. 운동 선수들은 결승전에서 최고의 에너지를 분출하기 위해 시합 전까지는 매일매일 혹독한 훈련을 하면서 그날 가지고 있던 모든 에너지를 훈련에 다 쏟아 붓는다. 우리들이 성공하기 위한 에너지를 얻기 위한 방법도 이와 마찬가지이다. 에너지를 더 만들 생각을 하지 않고 단순히 저장해 놓는다는 생각은 굉장히 큰 착각이다. 에너지는 에너지를 낳는다.

젊게 생각하는 사람들은 에너지로 넘치지만 겉늙은 사람들에게는 에너지가 언제나 모자르다. 에너지를 모두 써버리는 방법을 알고 있는지, 모르는지가 그 차이점이다.

게으름쟁이와
겁쟁이가 되지 마라

지금 여러분을 성가스럽게 만들고 있는 건 무엇입니까? 다 늦은 저녁 시간에 집에서 쉬지도 못하고 옷을 차려입고 저녁 먹으러 나가는게 너무 귀찮습니까? 누군가와 차를 마시러 가야 하는 게 너무 짜증납니까? 아침마다 운동을 하는 게 너무 피곤합니까?

만약 자신을 귀찮게 하고 성가스럽게 만드는 일이 자주 일어난다면 일단은 생각 나이를 의심해 봐야 할 때이다. 생각 자체가 나이 들어 보이게 생각하는 사람들의 특징 중 하나는 자기가 하고 싶은 일이 있을 때만, 만나고 싶은 사람이 있을 때만, 주는 것 없이 받기만 해도 될 때만, 뭔가 간절히 원하는 일이 있을 때만 아주 잠깐 동안만 부지런해진다. 그 외의 대부분의 시간은 게으른 상태로 지낸다. 쇼파 위에 누워 있는 게 가장 편안해지고, 해야 되는 일도 될 수 있는 한 최대한 뒤로 미루고, 축 늘어진 채로 지낸다. 그러면서 철저하게 자신을 속인다. 앞에 얘기했던 것처럼 뭐든지 자기가 편할 때만, 좋을 때만 행동하고, 사람을 만나면서 그것도 아주 잠깐동안 부지런해지면서도 자신은 게으른 사람이 아니라는 착각 속에 빠져 생활한다. 그런 착각은 나이만 빨리 먹게 할 뿐이고, 몸은 점점 더 허약하게 만든다.

또 다른 누군가와의 만남이 굉장히 빠른 시간 안에 이별로 끝난다.

게으른 사람들은 한편으로 변덕이 심하고 또 한편으로는 겁이 많다. 마음이나 몸이 다치는 걸 두려워해서 행동 자체를 하지 않으려고 하거나 이랬다, 저랬다 한다. 우리 모두는 이런 경험을 가지고 있고 앞으로 계속 이런 갈등을 겪게 될 것이다. 고해(苦海)라는 말처럼 사는 것 그 자체가 고통일 수 있다. 그래서 평생동안 고통과 상처, 병, 피곤, 슬픔, 두려움, 좌절, 실망, 우울과 함께 해야 하는게 삶일지도 모른다. 그렇기 때문에 여러분 스스로 인생을 기쁘게 생각하려고 노력하지 않으면 평생 고통 속에 살다 죽을 수밖에 없다.

걱정하거나 두려운 마음이 들 때마다 애써 외면하려고 노력하지 마라. 그럼 결국은 달라지는 건 아무 것도 없는 게으름만 늘어날 뿐이다. 게으름과 두려움은 항상 친구처럼 손을 잡고 같이 다닌다. 그래서 생각 자체가 나이 든 사람들은 걱정되는 일이 생길 때마다 뒷짐 지고 모른척 외면하면서 아무것도 하지 않으려고 한다. 어떻게 되겠지 하면서 말이다. 그래서 항상 깨어 있기 위해서는 용기가 필요하다. 별다른 용기가 필요없는 쉬운 선택만 하다보면 최악의 결과만 맞이할 뿐이다.

안전과 안정을 최고로 생각하는 사람들은 죽음에 대한 두려움을 천천히 맞이할 수 있는 현실적인 방법이 안전과 안정이라고 생각을 하는 것이다. 그에 반해 젊게 생각하는 사람들은 두려움을 떨쳐내는 길만이 젊게 오랫동안 살 수 있는 방법이라고 생각을 한다.

　용기를 가져라. 그래서 이렇게 얘기하자.
　"내가 지금 가는 길이 맞는지 또 앞으로 어떤 어려움이 벌어질지 모르지만 끝까지 한번 가보자."

항상 깨어 있게 되면 좋은 점

♠ 건강을 지킬 수 있다.

♠ 어떤 일이든 중심에 서 있게 된다.

♠ 후회없는 삶을 살 수 있다.

♠ 감정 표현이 자연스러워질 수 있다.

♠ 행운을 맞이할 확률이 높아진다.

♠ 모험심이 많아지고 사는게 재밌어진다.

♠ 자신이 꿈꿔왔던 사람이 될 수 있다.

♠ 수많은 기회를 가지게 된다.

♠ 새로운 일들과 새로운 장소와 새로운 사람들을 많이 만나게 된다.

♠ 경쟁 사회에서 성공적으로 살아남을 수 있다.

♠ 행운을 활기차게 살 수 있다.

항상 깨어 있기 위해서
필요한 세 가지 자세

항상 깨어 있기 위해 가지고 있어야 할 세 가지 자세는 다른 것들과 마찬가지로 그렇게 복잡하고 어려운 게 아니다. 우리가 어렸을 때나 지금 10대들을 보면서 보고 배울 수 있는 아주 간단한 것들이다.

① 행동을 통해 배워라.
② 돌아다닐 곳을 찾아라.
③ 겁날 게 없어야 한다.

행동을 통해 배워라 |

challenges

"일회용 음식을 사다가 전자렌지 안에 넣고 돌려서 먹는 편입니까? 아니면 음식 재료를 사다가 요리를 해먹는 편입니까?"
"자전거 브레이크가 고장났을 때 직접 고칩니까? 아니면 수리점에 갔다 줍니까?"

자기 손에 물을 묻히거나 더러워지는 걸 참을 수 있다면 여러분은 젊게 생각하는 사람들의 자세를 가지고 있는 것이다.

몸을 써라

행동이 앞서는 사람들은 생각만 하는 사람보다 인생에서 더 많은 걸 얻는다. 실천없는 생각은 인생을 헛사는 거나 마찬가지이다. 10대로 다시 돌아가서 생각해보자. 그 나이 때는 밖에서 한창 놀다가 집에 들어갈 때 셔츠는 바지 밖으로 나와 있고 여기저기 흙먼지가 묻어있다. 그게 바로 우리가 배워야 할 10대들의 모습이다.

앞서 젊게 생각하는 사람들은 직관적이고 제품 사용 설명서를 읽기보다 직접 몸으로 먼저 부딪치려고 한다는 얘기를 했었다. 이런 게 바로 행동을 통해 배워 나가는 모습이다.

예를 들어 자동차 영업 사원에게 이것저것 물어보기보다 직접 한 번 차를 몰아보고 살지, 말지를 결정한다. 요리를 할 때 요리 책에 나와있는 계량 스푼으로 소금을 한 스푼 넣으라는 게 도대체 어느 정도인지 가늠이 안되서 짜증을 내기보다 조금씩 넣어가면서 일단은 자기 나름대로 만들어본다. 또 여행을 가서도 가이드들이 안내하는 데로 정해진 코스만 돌아다니기보다는 자유롭게 여기저기 시내 구석구석을 다니려고 한다.

위에 나온 세 가지 예의 결과가 항상 좋을 수는 없다. 필자의 얘기는 잘되던, 잘못되던 스스로 시행착오를 겪으면서 자신에게 어떤 게 최선이 될 수 있는지 답을 찾을 수 있도록 해야 한다는 말이다. 그래서 자신만의 제품 사용 설명서, 요리 책, 차에 대한 경험을 가져야 한다. 그러면 언젠가는 다른 사람이 이렇게 물어오는 날이 오게 된다.

"그 영업 사원 말이 맞아?", "밤 늦게 간단히 해먹을 수 있는 요리법 좀 알려줘!", "외국 어느 도시 뒷골목에 있는 이쁜 상점들을 쉽게 찾아갈 수 있는 방법 좀 알려줘!"

고통을 느껴라

시행착오를 통해 배워 나가는 방식은 때론 몸이 힘든 상황을 맞이한다. 예를 들어 무전여행을 해봤던 독자라면 좀 더 쉽게 이해가 될 것이다. 도로 위에서 지나가는 차를 얻어 타고 목적지도 없이 발길 닿는데로 여행을 다니면 수많은 사람들과 만나는 일이 얼마나 큰 경험으로 남는지 이해할 수 있다. 하지만 반대로 그렇게 다니다가 밤늦게 쏟아지는 비를 흠뻑 맞으면서 내가 이 짓을 계속 해야 되나 싶은 갈등이 들 때도 있다.

인내심의 한계를 느끼고 싶어 네팔로 트래킹을 떠난다면 영원히 잊지 못할 경험은 해볼 수 있겠지만 그만큼의 고통스러운 상황도 맞이해야 한다. 마라톤 역시 마찬가지이다. 마라톤을 완주하고 나면 그 어느 때보다 자신이 자랑스럽고 자신의 한계를 뛰어넘은 기쁨을 얻겠지만 그 전에 심장이 터질 것같은 고통을 겪어야 한다.

행동을 통해 배우는 일은 절대 겁쟁이들에게는 일어나지 않는다. 일단 한번 해보자라는 생각을 가지고 있는 사람들에게나 가능한 일이다. 고통이 있어야 승리의 월계관을 쓸 수 있고 젊게 생각하고 살아 갈 수 있다.

돌아다닐 곳을 찾아라 |

"여러분은 휴가 때 잘 알려진 곳에 가서 편하게 쉬다 오는 편입니까? 아니면 남들이 잘 모르거나 여러분이 한번도 가보지 않은 장소를 선택합니까?"
"주말 저녁 때 조용히 집에서 TV를 보면서 쉬는 편입니까? 아니면 시내에 나가 밤늦게까지 돌아다닙니까?"

주위를 둘러봐라

항상 깨어 있고 싶다면 언제나 돌아다닐 곳을 찾아야 한다. 뿌리처럼 한 곳에 박혀 돌아다닐 수 없거나 아니면 끈끈이 풀에 달라붙은 사람처럼 움직이지를 못하거나 그렇습니까?

젊게 생각하는 사람들은 여기저기 주위를 돌아다니면서 새로운 걸 보고, 느끼는 걸 좋아한다. 저녁 때 극장에 가서 영화를 보는 것도 그들에게는 여행이며, 주말에 야외에 나가 레포츠를 즐기는 것도 그들에게는 여행이며, 일 년에 한 번 해외여행을 가는 것도 그들에게는 여행이다. 그 곳이 어디든지, 그 곳에 얼마나 오래 머무르는지 상관없이 밖에 나가 활동적으로 돌아다니는 게 중요하다. 지금 이 순간에도 쇼파 위에서 과자를 먹고 있다면 빨리 내려놓고 밖으로 나가라.

가장 최근에 여행을 다녀온 곳이 어디였습니까? 그 곳이 "나는 여기 이상은 더 멀리 갈 수 없어"라고 여러분 스스로 구속을 받으며 살고 있는 범위는 아닙니까? 그 곳에서 여러분의 인생에 대해 다시한 번 생각해볼 수 있는 시간을 가질 수 있었습니까?

돌아다녀라. 정 시간이 없다면 주말에 잠깐 짬을 내 자전거를 타고 평소 가보지 못했던 옆 동네라도 한 바퀴 돌고 와라. 그리고 그 다음 주말에는 다른 옆 동네도 갔다오자.

일단 밖으로 나가라

장거리 여행만이 진정한 여행은 아니다. 지금 당장이라도 쇼파 위에서 일어나 집 밖으로 나가 편안한 옷차림으로 시장 한바퀴를 돌아보거나 근처 공원에 산책을 가자. 지금은 집 안에서 생활하는 것보다 집 밖에서 보내는 시간이 더 많은 세상이다. 20년 전만 하더라도 커피는 대부분 집에서 타 마셨다. 하지만 지금은 근처 편의점이나 커피 전문점으로 달려간다.

아직도 일부 사람들은 집에서 편하게 앉아 밥 먹는게 최고라고 하면서 나갈 생각은 전혀 안하거나 기껏해야 배달 음식을 먹는다. 그리고 외출할 때는 계획성을 가지고 나가서 볼일만 보고 빨리 돌아와야지라고 생각을 한다.

지금 시대는 집이 해주는 역할이 극히 한정적이 되었다. 사람들은 대부분 집 밖에 머무르는 시간이 많아졌고 그에 따라 밖에서 활동하는 시간도 당연히 많아졌다. 그래서 예전처럼 "마트에 가서 필요한 것만 사서 빨리 와야지."라는 행동 방식이 아니라 "나간 김에 마트를 들려서 쇼핑이나 하고 와야지."라고 생각을 한다. 그래서 많은 기업체에서는 이런 사람들의 행동 방식을 이용해 시식코너와 같은 체험 시연회를 열어 고객을 끌어들인다.

이렇게 달라진 라이프 스타일 때문에 더 이상 집에 편하게 앉아 방문 판매원을 기다리는 일은 없어졌지만 대신 밖으로 나가기만 여러분을 기다리고 있는 판촉물들이 수북히 쌓여있다.

옷을 사러 나가는 일이 엄청난 에너지가 필요한 일인가? 친구를 만나러 가는 길이 산 꼭대기 몇 개를 넘어야 할 정도로 힘든 길인가? 아이들을 데리고 놀이동산에 놀러가면서 한적하고 평화로운 모습을 기대하고 가는가? 어림없는 소리이다. 더 폭 넓어진 집 밖의 생활을 제대로 하려면 자신의 에너지를 좀 더 효율적으로 쓸 줄 알아야 한다.

그리고 항상 깨어 있어야 한다는 사실을 마음 속 깊이 새겨놓고 집

밖의 세상에는 어떤 일들이 벌어지고 있는지 찾아 다녀야 한다. 집에서 편하게 슬리퍼를 신고 의자에 앉아 신문을 들고 있는 모습은 더 이상 이 시대에 어울리지 않는 모습이다. 그건 그야말로 단순하게 살아가는 그 자체이다.

용기를 가지고 두려움을 버려라 |

"회사 내에서 새로운 프로젝트를 시작할 때마다 두려움에 망설이게 됩니까?"
"인생의 전환점을 맞을 수 있을 정도의 기회가 온다면 지금의 내 능력으로 얼마든지 가능하다고 생각합니까?"

성공을 위해

인간의 본질 중 하나는 성공을 눈 앞에 두거나, 목표를 이루기 직전에 스스로 무너지는 경향을 보인다는 것이다. 어떤 일을 완수하는데 있어 가장 큰 적은 자기 자신 안에 있다고 한다.

아마 누구나 이런 생각을 마음 속으로 한두번 쯤은 해봤을 것이다. "내 한계는 여기까지인가 봐", "내 주제에 무슨… 에휴! 그럼 그렇지 뭐… 난 안되", "사람들이 나를 보고 또 무슨 말을 할까?"

심리학자들은 리더나 관리자들이 '가면 신드롬(Imposter Syndrome)'을 가지고 있다고 말한다. 가면 신드롬은 사회적으로 큰 성공을 거둔 사람들이라도 그들 스스로는 실력이 있어서 성공을 했다고 생각하기보다는 단지 운이 좋아서 그렇게 됐다고 생각하는 일종의 자신감 부족현상을 일컫는다. 그래서 가면 신드롬에 빠진 리더들은 자신들에게 찾아온 행운이 사라져 버리지 않을까 걱정을 하고 또 사람들이 자신이 정말 능력이 있어서 리더가 된 사람이 아니라는 걸 알게 되면 어쩌나 하는 걱정 속에 지낸다.

가끔 우리는 모두 이런 고민을 하게 되는 경우가 있는데 그렇다고 해서 너무 걱정할 필요는 없다. 그게 바로 인간의 모습이기 때문이다. 그런 걱정을 하지 않기 위해서 필요한 게 바로 용기라는 두 글자이다.

필자가 만났던 한 여성이 이런 얘기를 한 적이 있었다.
"저는 지금까지 제가 꿈꿔왔던 모든 것들을 이룬 편이에요. 능력있는 남편과 사랑스러운 두 아이, 내 집 그리고 일 년에 한 두 번씩 해외 여행도 갔다오고 무엇하나 부족한게 없어요. 그런데도 이따금씩 '내가 잘 살고 있는게 맞나?' 라는 생각이 들어요. 내 안에 행복해지는 걸 싫어하는 마음이 있나봐요"

분명한 사실은 누구나 성공하면 어떤 일이 벌어질지 두려운 생각이 들어 성공 앞에서 머뭇거리게 된다는 것이다. 젊음의 지혜를 가진 사람은 이런 두려움을 그대로 받아들이면서 별로 대수롭지 않게 생각한다. 행동만이 온갖 불안한 마음을 극복할 수 있고 스스로 무너지는 일이 없도록 해준다.

지금 당장 획기적인 변화를 실행해라

플라톤은 무슨 일이든 처음 시작이 제일 중요하다고 얘기했다. 이 얘기가 의미하는 바는 여러분의 계획, 꿈이나 목표를 더 이상 뒤로 미루지 말고 지금 바로 시작하라는 뜻이다. 오늘부터 당장 시작해라.

나이가 어릴수록 두려움이 커져가는 것을 미연에 방지하기 위해 생활 방식에 큰 변화를 주는 일을 자주 한다. 그들은 자기만족이나 자기과신의 덫에 빠지는 일이 없도록 획기적인 변화를 주는 능력을 가지고 있다.

구분	15~ 17세	18~ 24세	25~ 34세	35~ 44세	45~ 54세	55~ 64세	65세 이상
때때로 나는 내 인생에서 뭔가 획기적인 변화를 불러올 수 있는 일을 빠르게 결정하는 편이다.	81%	73%	71%	69%	67%	70%	58%

출처 Sociovision 3SC UK, 2005

위의 자료를 보면 17살 이후부터는 획기적인 변화를 주는 일이 점점 더 줄어든다. 하지만 현재에 만족하고 주저 앉으려고만 한다면 결국은 몰락과 죽음으로 가는 길 뿐이라는 사실을 알아야 한다.

젊게 생각하는 사람들은 자기 자신만 변화시키려고 하지 않는다. 때로는 무모해 보이는 돈키호테처럼 사회를 변화시키려고 하는 일에 적극적으로 나선다. 과거 독재 정권에 항거해 피를 흘리며 싸웠던 학생들의 모습을 기억합니까? 중국 천안문 사태 때 맨몸으로 탱크를 막아선 학생의 모습을 기억합니까? 그런 학생들의 두려움없는 행동은 사회, 정치적인 철옹성들을 깨부수는 계기가 되었다.

용기를 가져라

젊게 생각하는 사람들은 두려움만 없는 게 아니라 동시에 용기를 가지고 있다. 두려움은 막연하게 앞으로 닥치게 될지도 모르는 위험을 겁내는 것이고 두려움이 없다는 말은 지금 눈앞에 있는 위험을 크게 개의치 않는 것이다.

반면에 용기는 무슨 일이 벌어지는지 다 아는 상태에서 침착하고 의연하게 맞설 준비를 하고 멀리 도망가서 숨어버리고 싶은 상황이 닥쳐도 의연하게 맞서 싸우는 용감함을 말한다. 전쟁터에서 적의 총알 세례를 뚫고 제일 먼저 달려다가는 그런 게 용기만은 아니다. 있는 자들이 자신들의 기득권을 지키기 위해 부당한 일을 서슴치 않고 벌일 때 확실한 주관을 가지는 것 또한 용기이다.

　그래서 젊게 생각하는 사람들은 단순히 두려움이 없는 상태로 있는 게 아니라 용기를 표출한다. 이게 더 도전적인 모습이다. 용기는 우리가 느끼는 두려움의 강도와 두려움을 극복하기 위해 필요한 주관의 강도 사이에 직접적인 연관관계가 있다.

　때로는 사람들의 일반적인 생각과 역행하는 일을 벌이려고 할 때 맞서 싸우는 위험을 감수할 수 있어야 한다. 존경과 명예와 위엄은 절대 자기가 자신에게 줄 수 있는 그런 훈장이 아니다. 그런 것들은 온갖 악조건 속에서도 빛을 발할 때 사람들이 당신에게 주는 훈장이다.

항상 깨워있어야 함은 준비된 자세를 말하는 것이며 또한 어떤 일에 대해 성취감을 느꼈을 때 생기는 좋은 기분에 대해 말한다.

젊게 생각하고 살아가는 사람들은 에너지가 넘치고 진취적이며 용기가 있다. 이런 점들로 무장한다면 다른 젊음의 지혜들을 실천에 옮기는 게 더 수월해진다.

♠ 비몽사몽간의 상태로 인생을 허비하지 마라. 인생은 리허설이 없다.

♠ 생각하느라 시간을 허비하지말고 일단 행동에 옮겨라. 그리고 그 과정 안에서 해답을 찾아라.

♠ 내 인생은 내 것이다. 즉, 내 자신이 먼저이다.

♠ 하루하루를 소중하게 생각하고 조그만 일에도 기뻐해라.

You can
be as
young
as you
think

Youth Quotient **07**

내 기쁨이
먼저다

다음에 나오는 얘기는 푹푹찌는 무더운 여름, 일요일 오후 텍사스에 있는 한 마을에서 일어난 일이다.

40도를 오르내리는 폭염 때문에 에어컨이 풀가동되고 있었고 시원한 음료수는 모두 동이 날 지경이었다. 이렇게 무더운 날 갑자기 제리의 장인이 "우리 애빌린(Abilene)에 가서 맛있는 저녁이나 먹을까?"라고 식구들에게 물어봤다. 그러자 제리는 속으로 "안되요. 제발 그것만은 싫어요. 이렇게 더운 날 85km나 떨어진 곳에 그것도 에어컨도 고장난 차를 타고…. 말도 안되!"라고 생각했다.

하지만 말할 겨를도 없이 제리의 아내가 먼저 좋은 생각이라고 맞장구를 쳤다. 남들 기분을 깰 수 없어 제리도 마지못해 좋다라고 대답했다. 이제 하나 남은 제리의 장모가 어떻게 나올지 걱정되긴 했지만 장모 역시 당연히 자기도 가고 싶다고 말을 했다.

그렇게 해서 그들 넷은 에어컨도 안나오는 차를 타고 창 문 안으로 들어오는 사막 먼지를 뒤집어 쓴 채 달려갔다. 차로 한 시간을 달려가야 하는 거리였기에 차에서 내릴 때쯤에는 사람들의 몸은 땀과 사막 먼지로 뒤범벅이 되어 있었다. 거기다가 식당에서 주문한 음식은 맛이 형편없었다. 음식을 먹고 돌아오는 길에는 아무도 말을 꺼내지 않은 채 적막만 조용히 흐르고 있었다.

집에 돌아와 가족들이 아무 말없이 조용히 있자, 제리가 참다 못해 "갔다 오길 잘한거 같아요. 그렇지 않아요?"라고 말을 하면서 냉랭한 분위기를 바꿔보려고 했으나 침묵만이 더 흐를 뿐이었다. 잠시 후 장모가 마침내 조용히 말을 꺼냈다. "글쎄. 솔직히 말해서 차라리 여기서 그냥 저녁을 먹는게 더 좋았을 것 같아. 괜히 나보고 같이 가자고 등을 떠밀지만 않았어도 안갔을텐데…."

그러자 모두들 기다렸다는 듯이 불만을 있는데로 다 늘어놓기 시작했으며 처음에 가자고 얘기를 꺼냈던 장인마저도 불평을 늘어놓았다. 아무도 가고 싶은 생각이 없었던 미친 짓이나 다름없었다. 식구들 모두 강도를 당한듯한 기분을 느끼고 있었다. 제리는 그런 식구들을 보면서 생각했다.

"여기 있는 네 명 모두 합리적으로 생각할 수 있는 사람들이고 자기 의지도 있는 멀쩡한 사람들이다. 그런데도 다들 가고 싶은 마음도 없었으면서 폭염 속에 황량한 사막 먼지를 잔뜩 뒤집어쓰면서 85km나 달려가 형편없는 음식을 먹고 왔다. 그런데도 누군가 반대하는 사람이 하나도 없자 다들 마지못해 가자고 했다는 게 더 기가 찰 노릇이다. 오늘 일어난 일은 정말 말이 안나올 정도로 황당한 일이었다."

내 기쁨이
먼저라는 말의 의미

우린 모두 위와 같은 경험을 가지고 있다. 위의 이야기 속에 나오는 제리와 같은 행동 방식은 다른 사람의 속내를 먼저 넘겨 짚어서 결론을 내리고 내 의견을 숨기려는 경향 때문이라고 말을 한다. 다르게 말하면 내 소신을 가지고 동의를 하거나, 거부를 하거나 했을 때 괜히 다른 사람들과의 갈등만 빚을까 걱정을 해서 분위기에 따라 가려고 하는 것이다.

생각 자체가 진부한 사람들은 괜한 의견 충돌로 인해 다른 사람과의 화목한 관계가 깨져서 불편한 분위기를 만들지 않을까라고 항상 걱정을 한다. 갈등은 거부로 나타나고, 다른 사람에게 거부당하는 일이 생기면 자신만 왕따를 당해서 소외감과 외로움만 느끼게 될까봐 걱정을 한다. 그래서 괜한 오해로 그런 일이 생기지 않게 하기 위해서 가급적 다른 사람의 의견에 무조건적인 동의를 하면서 생활한다.

이런 걸 보고 '애빌린 파라독스(Abilene Paradox)'라 한다. 다른 사람들 특히 자기가 좋아하는 사람들로부터 왕따를 당할까 봐 불안해하는 현상을 말하는데, 자기가 하고 싶지 않은 일이거나 이미 결정난 일에 대해 자신의 생각은 전혀 중요하게 생각하지 않는다고 한다.

아이러니컬하게도 이런 심리 때문에 아무도 원치 않으면서도 모두들 손발이 척척 맞아 애빌린에 식사하러 가는 일이 벌어진다. 자신이 원하는 것을 포기한 채 애빌린에 가는게 더 좋다라고 스스로를 위로하면서 말이다. 또 서로가 다른 사람들 생각을 하면서 자기 자신의 생각은 완전히 접어두고 결과적으로는 '우리의 생각'이라는 말로 모든 걸 덮어두는 식이다.

젊게 생각하는 사람들은 이렇게 모든 대가를 다 치루면서 자신의 기쁨까지 희생하려고 하지 않는다. 그들은 자신의 생각이 먼저고, 다른 사람들을 먼저 걱정하는 면이 덜하고, 자기가 하고 싶은 걸 솔직하게 얘기한다. 다른 사람들의 의견이 일치되었다고 해서 무조건 자기 자신의 기쁨이나 만족까지 일방적으로 희생하라는 강요를 받는 걸 싫어한다.

애빌린 파라독스처럼 자신이 원하는 걸 제대로 얘기도 못하고 남들 때문에 어쩔 수 없이 따라가는 일보다는 자신의 생각을 좀 더 솔직하고 확실하게 얘기를 한다. 그래서 자신의 기쁨이 먼저 충족될 수 있게 자신의 생각을 남들 앞에서 확실하게 주장을 하는 편이다.

여러분 모두는 같이 있던 사람들을 생각해 주느라 채널을 돌리지도 못하고 재미없는 TV 프로그램을 할 수 없이 같이 따라본 적이 있을 것이다. 정에 약하거나, 정이 많다라는 말은 결국 자신이 하고 싶은 일을 양보하는 일이 많아짐과 동시에 자신의 기쁨은 포기한다는 말과 같다.

문제는 이런 심리적 현상 때문에 일부 사람들은 평생을 속앓이를 하면서 살아가는데 있다. 그런 사람들은 다른 사람들이 얻는 행복감만큼의 비슷한 행복감조차 느끼지 못하고 살아간다. 그들은 평생을 다른 사람들을 배려한답시고 자신이 보고 싶은 TV 프로그램도 못보고 재미없는 프로그램만 보면서 인생을 살아간다. 그들 마음 속으로 내린 절충안이나 일치는 자신의 기쁨이나 만족은 전혀 고려치 않고 만들어진다. 그들에게 "내 기쁨이 먼저다"라는 말은 전혀 있을 수 없다.

젊게 생각하는 사람들은 자신의 근본적인 욕구에 좀 더 충실하다. 머릿속에서부터 내가 좋아할 수 있는 쪽으로 먼저 생각을 하고 그에 따라 결정을 하며 행동으로 옮긴다. 그래서 그런 사람들은 행복한 기분과 진짜 좋아서 나오는 웃음을 가지려고 애를 쓴다. 내 기쁨이 먼저라는 말을 항상 머리 속에 염두해 두고 살아간다.

예를 들어 젊게 생각하는 사람들은 지금 분위기에는 어떤 음악을 들어야지 가장 좋을지 그래서 자신들의 기분이 가장 크게 좋아질지를 본능적으로 생각을 한다. 음악에 따라 조명도 조절하고 볼륨도 높였다 낮췄다 한다.

그렇다고 해서 젊게 생각하는 사람들이 무조건 자신의 기쁨만을 위해 행동하기 보다는 주위 사람들의 결정을 존중해주는 현명함이 있다. 친구들과 어울려 저녁을 다 먹고난 후에 먼저 나가려는 친구를 억지로 붙잡지도 않고, 피곤한데 다른 친구들 눈치를 보느라 억지로 앉아 있지도 않는다. 먼저 일이 있다고 나가는 친구에게 잘가라는 인사 한마디, 남아있는 친구에게 먼저 갈께라는 인사 한마디만 있으면 된다.

젊음이 주는 지혜는 "내 기쁨이 먼저"라는 생각을 가지고 살아야 한다는 것이다. 원치도 않으면서 아무 의미도 없고, 불편하기만 한 사막을 가로지르는 여행 따위는 하지 말아야 한다.

행복을
찾아서

다음에 나오는 통계자료를 보면 살면서 행복한 기분을 느끼는 일은 나이 어린 친구들에게 더 자주 나타난다는 사실을 알 수 있다. 그러다가 25살을 기점으로 서서히 줄어드는 것을 볼 수 있다. 나이를 먹어갈수록 사는 게 더 재미없어진다는 말처럼….

구분	15~ 17세	18~ 24세	25~ 34세	35~ 44세	45~ 54세	55~ 64세	65세 이상
나는 지난 6개월 안에 행복하다고 느껴본 적이 있거나 굉장히 크게 기뻐했던 일이 있었다.	87%	85%	78%	76%	67%	67%	58%

출처 Sociovision 3SC UK, 2005

기쁜 게 뭔지도 모르고 살아가는 날이 많다면 그건 곧 그 사람이 인생을 어떻게 살아가고 있는지를 보여주는 게 아닐까? 다시 한번 말하지만 인생을 어떻게 살아가는지는 모두 마음먹기 달렸다. 생각 자체가 나이 든 사람들이나 겉늙은 사람들은 대부분 감정이 매말라 있거나 툭하면 우울한 기분에 빠지려고 한다.

반대로 젊게 생각하려는 사람들은 기쁨을 얻을 수 있도록 최선을 다하고 무슨 일이든 가능하면 웃으면서 하려고 한다. 한마디로 인생을 웃음과 즐거움 속에서 보내려고 하는 마인드를 가지려고 노력한다.

앞서 알아봤던 애빌린 파라독스와 4장에서 말했던 자기 자신을 좀 더 사랑하라는 말에서 나오는 내용은 똑같은 말이 아니라는 걸 짚고 넘어가자. 자기 자신을 사랑하라는 말은 근본적으로 자기 자신에 대해 좀 더 많은 관심을 가지고 스스로 움추려드는 경향이 있다면 과감히 깨고 나와서 자기 자신을 더 멋지게 가꾸려는 노력을 해야 한다고 했다. 그에 반해 애빌린 파라독스는 다른 사람들과의 관계 속에서 내 기쁨과 내 행복을 위해 무조건적인 양보와 타협을 하지 말라는 말이다.

슬픔에 빠지려고
하지 마라

생각 자체가 나이 든 사람들은 유머를 잊고 살아간다. 걱정, 스트레스, 책임감, 판에 박힌 생활 등은 일상 속에서 재미라는 말을 모두 잊게 만든다. 살아가는 게 그야말로 치열한 비즈니스의 세계처럼 된다.

입가에 웃음을 띤 게 언제가 마지막이었는지조차 모르고 살아가는 게 정말 큰 문제이다. 장난치는게 뭔지도 다 까먹고 농담도 할 줄 모른다. 차라리 가만히 있는 게 더 나을 법한 농담으로 가끔 주위를 썰렁하게 만들 뿐이다. 그리고 어린 아이들이 친구들한테 장난을 당하거나 놀림감이 되었을 때 괜찮다고 쓰다듬어주는 일은 잘한다. 어린 아이들이야 어른이 자신을 위기에서 구해줬다고 생각해서 고마워하지만 성인이 된 사람들한테까지 계속 그런 모습을 보이는 건 좀 이상하지 않을까?

생각 자체가 나이든 사람들이 웃음을 잃어버리고 사는 가장 근본적인 이유는 자기 자신만 생각하는 일이 별로 없어지면서 스스로 괴팍한 사람으로 변해가기 때문이다. 그들은 자기 자신만의 완고함 속에 자기 방어적인 성격을 가지려고 하고 사회적인 지위나 체면 때문에 스스로를 옭아매려고 한다. 웃음은 그들의 생활 밖에만 존재한다. 웃음은 전혀 도움이 안되는 것으로 받아들이고 동시에 체면을 잃어버리는 일이라고 생각을 해서 우거지상을 하고 있거나 무표정으로 일관한다.

물론 젊게 생각하는 사람들은 웃음이 생활 속에 자연스럽게 퍼져 있다. 인간은 원래 실수투성이라는 사실을 젊게 생각하는 사람들은 충분히 알고 있다. 예를 들어 지인들을 집으로 초대해 저녁 대접을 하는데 음식을 좀 심하게 태워먹었을 때 손님들 앞에서 유머를 섞어 얘기하면서 자연스럽게 탄 부분을 뒤집어 놓거나 벗겨낸다.

똑같은 상황에서 나이 든 사람들은 음식 좀 태워먹은 게 굉장히 큰 일이라도 되는 것처럼 심각해 지면서 얼굴이 빨개져서는 손님들 앞에서 연신 허리를 구부리면서 죄송하다고 사과를 한다. 그러면서 집에 온 손님들까지 어쩔줄 모르게 만든다.

생각 자체가 나이 든 사람들은 그들 스스로 기쁘고, 좋은 순간들을 만들려고 하지 않기 때문에 웃는 일이 그만큼 힘들게 된다. 또 눈 앞에서 벌어지는 재미나는 많은 일들 앞에서 스스로 눈을 감으려고 한다.

여러분도 아마 대부분 이렇게 살고 있을 것이다. 선물을 받고서도 기뻐하는 내색 한번 제대로 하지 않는 사람들이 대부분이다. 아무리 기발한 선물을 주더라도 또 진심이 우러나는 선물을 주더라도 웃으면서 받는 모습을 기대하기가 하늘에 별따기처럼 어려운 사람들이 있다. 이런 사람들은 대부분 선물을 받으면서도 얼굴을 찌푸린 채 주는 사람을 민망하게 만드는 경우도 많다. "왜 괜히 쓸데없는 짓을 해?", "어! 나 이거 가지고 있어서 별 필요도 없는데….", "비싸기만 하고 별 쓸모도 없는데 왜 샀어?"

모든 일을 부정적으로만 생각하고 안좋게 본다면 결코 행복이라는 건 존재할 수 없다. 부정적인 생각은 불행을 낳고 불행은 다시 부정적인 생각만 들게 하는 악순환이 계속 일어날 수밖에 없다. 마찬가지로 슬픔은 의기소침한 사람에게만 일어나는 악순환이 계속 반복된다.

이런 악순환에서 빨리 빠져나오는 길은 내 기쁨이 먼저라는 생각을 가지고 행동하는 것 뿐이다.

내 기쁨이 먼저라는 생각이 주는 이점들

♠ 애빌린 파라독스에 빠지는 일 없이 자신이 정말로 원하는 것들만 최선을 다할 수 있게 된다.

♠ 재미난 친구들을 많이 사귈 수 있다.

♠ 다른 사람들에게 웃음을 선사하는 일이 많아지면서 행복한 기분을 더 많이 느낄 수 있다.

♠ 행운이 더 많이 찾아올 수 있다.

♠ 축복받은 삶을 살아가는 몇 안되는 사람 중 하나라고 생각하며 살 수 있다.

♠ 에너지가 넘치는 생활을 할 수 있다.

♠ 아무 의미없는 형식에 매달리거나 비상식적인 의무감에서 벗어날 수 있다.

♠ 아무리 힘든 일을 해도 즐거운 기분으로 임하면 충분한 성과를 올릴 수 있다.

♠ 다른 사람들과 함께 웃을 수 있는 시간이 많을수록 더 큰 소속감을 가지게 된다.

내 기쁨이 먼저라는
생각을 가지기 위한 마음 자세

내 기쁨이 먼저라는 생각을 자연스럽게 가지고 생활하는 10대들을 보면서 무엇이 그들의 눈을 항상 초롱초롱 빛나게 할만큼 즐거움을 느끼며 살 수 있게 만드는지 알아보자.

① 기쁨을 추구해라
② 많이 웃어라
③ 행운을 잡아라

기쁨을 추구해라 |

"누군가 여러분에게 목마를 타고 놀자고 한다면 뭐라고 대답하겠습니까?"

"지루하고 따분하게만 보이는 모임에 가입하라고 말을 들었을 때 어떻게 하는 편입니까?"

즐겁게 시간을 보내라

젊게 생각하는 사람들은 기쁨을 얻으려고 하는 열망이 강하다. 그들은 본능적으로 즐거운 시간을 보내는 걸 단순한 재미가 아닌 중요한 일로 생각을 한다. 웃음은 그들이 진지하게 생각하는 것 중 하나이다. 그래서 때론 즐거움을 찾기 위해 적극적으로 나서기도 한다.

구분	15~17세	18~24세	25~34세	35~44세	45~54세	55~64세	65세 이상
인생을 재밌고 기쁘게 사는 것이 매우 중요하다고 생각한다.	92%	89%	77%	69%	56%	51%	30%

출처 Sociovision 3SC UK, 2005

위에 나온 통계자료는 굳이 설명이 필요없을듯 하다. 나이가 어릴수록 재미난 일에 푹 빠진다. 그러다가 스물다섯 무렵이되면 나이에 비해 겉늙어지면서 인생이 심각해지기 시작하고 더불어 노인처럼 생각을 하기 시작한다. 그리고 60대가 넘어서면 살면서 재미난 일을 찾는 건 거의 불가능에 가까워진다. 나이가 들수록 재미난 일에서는 결코 인생의 소중한 것들을 찾을 수 없다고 생각을 한다. 오히려 자신이 쌓아온 노력을 일순간에 무너뜨리는 위험한 것이라는 생각까지 한다.

기쁨을 찾는 일은 소극적인 방법과 적극적인 방법이 있는데 먼저 소극적인 기쁨은 예술이나 문화와 연관된 것들로 좀 더 쉽고 편하게 찾을 수 있다. 박물관이나 미술관에서 찾을 수도 있고, 좋은 와인을 맛보면서 찾을 수도 있고, 친구들과 함께한 자리에서 찾을 수도 있다. 주위 사람들과 함께하면서 농담을 주고받으면서 또 아이들과 어울리면서도 찾을 수 있다. 그런 단순한 방법들을 통해 기분이 좋아지고, 인생이 주는 즐거움을 좀 더 쉽게 찾을 수 있다.

적극적인 방법은 몸으로 직접 부딪치면서 스릴을 만끽하는 방법이다. 익스트림 스포츠를 즐기거나 친구들과 더불어 사람들이 많이 몰리는 곳에 나가 사람들 속에서 즐거움을 찾는다. 방법이 무엇이 됐던지 간에 그 순간에 삶이 주는 스트레스를 날려 버리거나 잊을 수 있다면 그게 바로 즐거운 시간을 보내는 것이다.

불쾌한 기분은 떨쳐버려라

기쁨을 느끼고 싶을 때 명심해야 할 한 가지는 불쾌한 기분이 드는 순간들을 될 수 있으면 피하는 일이다. 괜한 걱정하지 말고 그냥 내버려 두자라는 생각은 때로는 좋은 방법이 될 수도 있다.

젊게 생각하는 사람들은 세상에는 두 가지 종류의 사람들이 있다고 생각한다. 하나는 언제 어디서나 에너지와 웃음이 끊이질 않아 그 사람 곁에만 있어도 생활이 즐겁고, 덩달아 같이 기분이 좋아지게 만드는 사람이다. 또 다른 하나는 인생에 전혀 도움이 안되는 사람들로 항상 얼굴만 찡그리고 있고 같이 있으면 덩달아 사는게 우울해지고 기운 빠지게 만드는 사람들이다. 이런 사람들은 아무리 가까운 친구라도 될 수 있으면 같이 있는 자리를 피하고만 싶다는 생각이 든다.

젊게 생각하는 사람들은 또한 불쾌한 기분만 계속 가지게 되는 직장은 될 수 있으면 피하려고 한다. 그렇게 계속 불쾌한 기분이 쌓이다보면 결국에는 자기 자신의 기분만 최악의 상태에 빠진 채 중요한 시간을 허비하게 된다고 생각을 한다. 또 지금의 행복한 기분을 나중을 위해 저축한다는 생각도 하지 않는다. 오늘이 아닌 내일을 위해 살고 싶어하지도 않고 오늘의 기분이 망가지는 걸 묵묵히 받아들이며 살고 싶어하지도 않는다.

멀리 보자

기쁨을 추구하는 방법 중 하나는 세계 곳곳에서 전해지는 우울한 소식들을 어떻게 받아들이는지 그 태도에 달려있다. 지금 이 시간에도 조금 있으면 더 큰 재앙이 불어닥치게 된다라는 식의 경고 메시지들이 전 세계 시장을 움추러들게 만들고 있다. 그 외에도 살벌한 온갖 경고 메시지들이 세상을 온통 우울하게 만들고 염세주의자들만 득실거리게 만들고 있다.

젊게 생각하는 사람들은 이렇게 확실하지 않은 사실들 때문에 미리 걱정부터 하느라 웃음을 잊고 지내지는 않는다. 너무 안좋은 상황이 되면 그것까지 블랙 코메디로 풍자해 웃으려고 한다. 우울한 기사만 눈에 들어오면 생활 자체가 우울해진다는 게 그들의 생각이다.

과거 냉전 시대에는 핵 전쟁이 내일이라도 당장 일어날지도 모른다고 정치인들이 연신 떠들어댔다. 하지만 그 속에서도 사람들은 나름대로의 여유롭고 재미난 생활을 즐겼고 비틀즈와 롤링 스톤즈, 밥

딜란같은 가수들이 세상을 지배하고 있었다.

가장 최근에 뉴욕에서 있었던 9·11 사태와 같은 참사 속에서도 맨하탄에 있는 바와 클럽들은 테러가 발생한지 일주일 정도 후부터 넘쳐나는 손님들로 빈자리가 없을 정도였다. 당분간 사람들이 꿈쩍도 하지 않을 것이라는 예상이 빗나간 일이었다. 젊게 생각하는 사람들에게 신중함과 절제심을 가지고 인생을 살아야 한다는 말은 별로 와닿지 않는다. 오히려 그들은 인생 자체가 언제 어떻게 될지 모르는 불완전함 그 자체이므로 지금 이 순간에 살아 꿈틀거릴 수 있다는 사실 하나만으로도 축복받은 일이라고 생각을 한다.

이런 생각은 회사에서도 비슷하게 나타나는데 젊게 생각하는 사람들은 업무 중에 회사 내에서 안좋은 분위기가 감지된다고 해도 크게 휘둘리지 않는다. 자신들이 신경쓸 일이 아니라고 판단되면 전혀 무관심으로 나가지만 반대로 관심을 가져야 하는 일이라고 판단되면 열정적으로 임한다. 그렇다고 해서 무조건 개인적인 관심사에만 신경을 쓰는 건 절대 아니다. 젊게 생각하는 사람들일수록 개인적인 행복도 중요하지만 동시에 기아에 굶주리는 일부 국가의 현실에 대해서 우울해하고 환멸을 느낀다.

어쨌든 젊게 생각하는 사람들의 모토는 "내일 우리가 죽을지라도 오늘을 최대한 즐기자."이다.

많이 웃어라 |

"하루에 대부분을 웃으며 지낼 수 있습니까?"
"친구들이 보내준 재미난 유머나 그림이 담긴 메일을 읽지도 않고
 지우는 편입니까?"

내 자신을 이용해 웃겨라

모든 유머의 기본은 일단 자기 자신을 웃음의 소재로 삼는 것이다.
자신에게는 조금 고통스럽고 창피한 일이기도 하다. 개그맨들이 사
람들을 웃기기 위해 자신의 엉덩이를 까는 일까지 서슴치 않아야 하
기 때문에 그 순간만큼은 개그맨들 조차도 쉽지만은 않은게 분명하
다.

생각 자체가 나이 든 사람들 대부분은 이렇게 자기 자신을 이용해
서 남을 웃기는 일이 별로 없다. 반면에 젊게 생각하는 사람들은 그
런 능력이 탁월하다. 자기 자신을 웃음의 소재로 삼는 일은 그만큼
내 자신이 심각한 사람이 아니라는 걸 보여주는 좋은 방법이다. 또
자신감과 자존심이 충만한 사람일수록 자기 자신이 바보처럼 보이는
일에 대해 별로 개의치 않는다.

소심하고 상처를 잘 받는 사람들이나 나이 든 사람들은 자기 자신
을 바보로 만들어 남을 웃기는 일을 극도로 싫어한다. 그런 사람들은

대게 자신의 좋은 이미지만 부각시키면서 다른 사람들과 시간을 함께 하려고 한다. 자기 자신을 이용해 남을 웃기는 사람들은 누구보다 자기 자신을 잘 알고 있는 사람들이며 자신의 실패담까지 웃으면서 얘기할 수 있는 사람들이다. 그리고 따뜻한 인간미까지 가지고 있는 사람들이기도 하다.

작은 일에도 웃음을 잃지 마라

젊게 생각하는 사람들은 웃음을 잃지 않고 생활하는 법을 누구보다 잘 알고 있다. 반면에 대부분의 사람들은 흔한 농담 한마디조차 할 줄 모른다. 젊게 생각하는 사람들은 유머가 생활의 일부분인 채로 살아가기 때문에 더 많은 즐거움을 얻으며 살아간다. 그래서 아무리 짜증나는 일이 벌어져도 웃음으로 넘긴다. 여러분도 이런 태도를 가지고 살아간다면 생활 속에서 일어나는 작은 문제들쯤은 간단하게 한번 웃고 넘길 수 있게 된다.

웃는게 별로 어렵지도 않은 일인데도 우리 대부분은 그것과 반대로 생활을 하며 살고 있다. 사는게 힘들다고 생각하면 생각할수록 더 안좋게 보이는 일만 생기게 마련이다. 지금이라도 당장 주위를 둘러보고 수많은 친구들과 지인들에게 둘러쌓여 인생을 재밌게 살고 있는 사람의 얼굴을 유심히 쳐다봐라. 그런 사람들의 공통점 중 하나는 언제, 어디서든지 환하게 웃는 얼굴이다

행복 바이러스

많이 웃는 일은 주위 사람들에게 작은 행복을 선사할 수도 있다. 오드리 토투(Audrey Tatou)가 여주인공으로 나오는 아멜리에(Amelie – 감독 ; 장피에르 주네, 2001년 개봉)라는 영화를 보면 주인공 소녀는 이웃들에게 웃음과 행복을 주는 걸 자신의 사명이라고 생각하고 살아간다.

어느 날 우연히 낡은 상자를 발견하게 된 주인공 소녀는 그 상자의 주인을 찾아다니면서 여러 사람을 만나게 된다. 그리고 마침내 상자를 주인에게 찾아준 후에 남에게 도움을 준 후의 행복함을 알게 된다. 그리고 그 뒤로 여러 사람들이 행복해지도록 도와주는 퍼실리테이터(facilitator)의 역할을 수행하며 살아간다.

이 영화는 우리에게 시사하는 바가 굉장히 크다. 내 자신의 작은 친절과 쾌활한 성격, 웃음이 주위에 있는 다른 사람들에게까지 좋은 영향을 준다는 사실이다. 자신부터 항상 웃으며 밝게 지낸다면 결국에는 온 세상이 웃으며 지낼 수 있는 나비효과를 불러올 수도 있다는 점을 말해주고 있기도 하다.

"웃어라. 그러면 세상이 여러분과 함께 웃을 것이다."

젊게 생각하는 사람들은 위의 말을 다르게 표현하기도 한다.

"울어라. 그래봤자 너만 손해다."

행복은 더 큰 행복을 부른다

　행복과 즐거움은 자기 암시를 통해 실현될 수 있다. 행복과 웰빙에 대한 최근 한 연구 조사에서 심리학자들과 사회학자들은 사람들이 개인적으로 느끼고 있는 삶의 만족도가 어느 정도 되는지를 알아보려는 연구를 한 적이 있었다.

LIFE CHANGE !

　바비 맥퍼린(Bobby McFerrin)의 "돈 워리 비 해피(Don't Worry, Be Happy)"라는 노래의 가사는 지금까지 얘기한 모든 것들을 담고 있다. 여러분이 정말로 젊게 생각하고 살아가는 사람이 되고 싶다면 언제나 이 노랫말을 흥얼거리며 살면 된다.

돈도 없고,
스타일도 구겨지고
즐겁게 해줄 여자 친구가 없어도
걱정하지 말고 좋게 생각해
근심이 있으면
얼굴을 찌푸리게 되잖아
그러면 사람들도 같이 실망할거야
그러니까 너무 걱정하지 말고, 좋게 생각해
근심을 털어버리고 웃어보라구

그 조사에서 자신의 삶에 대한 만족도나 행복감이 높다고 대답한 사람들은 대부분 다른 사람들에 비해 웃음이 많다는 사실이 발견됐다. 그리고는 뒤 이은 조사에서 응답자들을 개별적으로 면담하는 과정에서 만족도가 높게 나온 사람들 대부분이 허세를 부리기 위해 거짓 대답을 하지 않았음을 알게 되었다.

즉, 조사 결과에서 알 수 있었던 사실 중 하나는 행복해서 웃는 일이 많은 게 아니라 웃는 일이 많아서 행복해질 수도 있다는 것이다. 인생을 기쁘게 살아가고 싶다면 자신이 가지고 있는 것들을 감사하게 생각하면서 더 많이 그리고 더 자주 웃어야 한다. 그래야 행복해질 수 있다.

또 의학계에서 입증된 관련 자료 중 하나는 뇌에서 나오는 세로토닌이라는 호르몬의 역할이다. 이 호르몬은 화, 공격성, 체온, 기분, 잠, 성욕, 식욕 등을 조절하는 중요한 역할을 수행한다고 알려져 있다. 세로토닌이 결핍되면 심적으로 불안한 상태가 되면서 공격적이고 화를 잘 내게 되며 우울증이나 강박장애, 편두통, 과민성 대장 증세, 불안 장애와 같은 증상에 시달리게 된다고 한다.

그러나 세로토닌이 높게 분비되면 위의 증상들과 반대의 현상들이 나타나고 행복한 사람이라는 생각을 하게 만든다. 유전적인 요소와 환경적인 요소가 세네토린 분비에 영향을 주지만 그에 못지않게 중요한 점은 자신이 행복하다고 믿고 많이 웃는 사람일수록 세네토린 분비가 더 왕성하게 일어난다는 사실이다. 즉, 웃음은 정신을 건강하게 만든다.

재미와 우정

재미와 웃음 소리는 인간관계에 많은 영향을 주고받는다. 편하게 느껴지는 사람들과 있으면 긴장이 풀어지고 마음이 느슨해지는 건 당연한 일이다. 앞에서도 말했듯이 불쾌한 기분만 드는 사람들과는 왠만해서는 자리를 함께 하지 않으려고 한다.

새로운 친구를 많이 사귀게 되면 얻게 되는 이점들 중 하나가 바로 그들 중에서 재미난 사람들과 어울릴 수 있는 시간이 많아지는 것이다. 처음이야 다소 어색한 시간이 흐르겠지만 시간이 갈수록 재미를 많이 느낄 수 있게 된다.

행운을 잡아라 |

challenges

"도움이 절실히 필요할 때 누군가 도움의 손길을 주면 운이 좋다고 생각하면서 도움을 받습니까? 아니면 정중하게 거절합니까?"
"여러분은 운이 지독히도 없는 사람이라고 생각을 합니까?"

그것만 생각해라

젊게 생각하는 사람들은 자발적이고 즐거움으로 가득찬 인생을 보내고 싶어한다. 이제는 독자 여러분도 젊게 생각하는 사람들이 전반적으로 어떤 생각을 가지고 살아가는지 알 수 있을 것이다.

행운이라고 하면 부적이나 그 밖에 행운을 불러오는 물건 등과 같은 것을 떠올린다. 세계 모든 문화는 그 나름대로 행운과 관련된 우화와 미신들이 있다. 젊게 생각하는 사람들은 행운에 대한 그들만의 원칙과 자기만의 철학이 있는데 행운이 찾아오면 꽉 잡을 수 있는 능력이 있어야 행운을 얻을 수 있다고 말한다.

행운을 잡으라는 말이 무엇인지 대강 알겠는가? 직장을 옮기고 싶다는 마음이 있었는데 우연히 신문을 읽다가 마음에 드는 회사에서 신규 직원을 채용한다는 공고를 보게 되면 그 우연은 곧이어 이력서를 내는 일을 동반하게 된다. 또 세금 문제로 골머리를 썩고 있던중 우연히 어떤 사람과 저녁을 함께 먹는데 그 사람이 해결책을 알고 있는 사람이었다. 이것처럼 행운을 발견하면 당연히 그 행운을 살려야 한다.

아니면 이런 문제는 또 어떨까? 딸 아이가 남자친구와 헤어져서 며칠째 방안에서 나오지 않고 울고만 있을 때 마침 백화점 세일 기간을 알리는 판촉물을 봤다면 그것도 행운이라고 생각하고 잡아야 한다. 회사에서 구조조정으로 해고되고 쫓겨났을 때도 더 좋은 기회를 가질 수 있는 행운이라고 생각하고 기회를 살려야 한다.

하지만 대부분의 사람들은 자신에게 온 행운을 모두 외면한다. 여러분도 그런 사람들 중 하나일게 분명하다. 우리 모두는 살면서 크고 작은 행운들과 함께한다. 다만 그걸 잡느냐, 못잡느냐는 각자의 선택에 달렸다.

우리들은 모두 곁에 있는 행운이 너무 작고 하찮아 보여 무시를 하고 한다. 생각 자체가 진부하고 고리타분한 사람들은 눈앞에 벌어진 문제에 너무 매달려 있기 때문에 자기 옆에 있는 답을 찾지 못하는 경향이 많다. 해답이 멀리 떨어진 곳에 있다고만 믿고 산다. 그리고 쉽게 얻은 건 그만큼 가치가 없다고 생각을 한다.

행운과 감정

행운이 따르는 일은 거창한 성공 스토리에만 나오는게 아니라 소소한 즐거움의 원천이 되기도 한다. 아마추어 골동품 수집가가 고물상에서 우연히 진기한 도자기를 발견하게 되면 그 자랑거리를 몇 달 동안 여기저기서 얘기하면서 즐거워할 수 있다. 또 여행 중 우연히 만난 사람과 함께 동행을 하다 마음이 맞으면 인생의 동반자 내지는 영원한 우정을 나눌 수 있는 사이가 되기도 한다.

행운을 잡으려면 무엇보다 후회라는 감정이 없어야 한다. 젊게 생각하는 사람들은 무엇을 잃는다는 것을 역으로 배우는 계기로 삼는다고 생각을 한다. 무엇을 잃었다는 사실 때문에 후회 속에서만 산다면 갈수록 기운이 빠지고 달라진 미래는 절대 오지 않는다.

생각 자체가 진부하고 고리타분한 사람들은 자기가 가지고 있는 무언가를 잃어버리게 되면 큰 절망속에 빠지면서 우울하게 살아간다. 자신에게는 행운은 커녕 불행만 가득하다고 생각을 지닌채 그렇게 살아간다. 한 가지 분명한 사실은 자신이 가지고 있는게 아무리 작더라도 감사하게 생각할 줄 알고, 후회라는 감정도 가지지 않으면 그 때는 세상 모든 일이 자기 중심적으로, 자발적으로 돌아가게 된다.

행운이 따르는 결정

우리는 하루에도 수십, 수백 번의 결정을 하고 지내고 그 중에서 크게 잘못된 결정 때문에 큰 실의에 빠지기도 한다. 그러나 행운이 따른다고 믿는 마음이 있으면 결정을 내려야 하는 순간에 좀 더 편하게 될 수 있다.

돈 많은 사람들을 보면서 여러분은 이런 말을 많이 내뱉었을게 분명하다. "저 사람 참 운이 좋은 사람이다. 운 때가 너무 잘 맞아서 저렇게 돈을 많이 벌었으니…."

물론 이렇게 말하는 한편에는 질투심이 가득차 있으면서 오히려 자기 자신은 왜 그렇게 하지 못했는지 책망을 하게 된다. 물론 그런 사람들에게 운이 따른 건 분명하지만 그들은 용기를 가지고 결정을 했기 때문에 그 행운을 잡을 수 있었던 것이다. 돈은 용기있는 사람을 따라 다닌다.

♠ 기쁨을 추구해라. 쾌락을 죄악시 하지 마라.

♠ 혼자서나 다른 사람들과 어울려 자주 웃어라.

♠ 행운이 찾아 온다고 믿어라.

재미와 웃음은 크게 어려운 일이 아니다.

젊게 살아가기 위해서는 그냥 즐긴다는 자세를 가지면 된다.

You can
be as
young
as you
think

Youth Quotient **08**

내일을
꿈꿔라

1783년 프랑스 파리에서 수많은 군중이 모인 가운데 인류 최초로 유인 열기구를 띄우는 행사가 벌어졌다. 두 명의 조종사가 목숨을 내걸고 몽골피에르(Montgolfier) 형제가 만든 열기구에 올라탔다. 하늘로 떠오르는 열기구를 보면서 한 구경꾼이 그 자리에 같이 있었던 벤자민 플랭클린에게 "선생님, 솔직히 하늘을 나는 것이 대체 무슨 소용이 있습니까?"라고 물어봤다. 그러자 벤자민 플랭클린은 그 사람에게 "선생님, 그럼 새로 태어나는 아이들은 대체 무슨 소용이 있습니까?"라고 대답했다.

내일을 꿈꿔라의 의미

미래를 예견하는 가장 좋은 방법은 미래를 직접 만들면 된다는 말이 있다. 바꾸어 말하면 자신의 인생을 직접 개척해 나가던지 아니면 인생에 의해 끌려다닐지라는 말과 같다. 젊음이 주는 지혜에서는 모든 걸 운명으로 받아들이며 어쩔 수 없다고 체념하고 사는 모습을 절대 용납하지 않는다. 세상 모든 일은 여러분의 생각에 달려있다. 그러므로 자신이 직접 만들어 가야한다.

어제보다 나은 오늘이 되게끔 자신의 인생을 다스려 나가야 한다고 했다. 과거에는 세상을 움직이는 축이 천천히 돌아갔기 때문에 모든 일들이 순조로워 보였고 안정이 미덕이었으며 예측 가능한 범위에서 생활할 수 있었다. 그렇게 모든게 천천히 변하고 평화롭게 지내고 있는데 파장을 일으키는 짓을 누가 하고 싶겠는가?

하지만 지금 세상은 굉장히 빠르게 돌아가는 축을 가지고 있다. 모든 일들이 굉장히 빠르게 벌어지고 있어서 일관성과 변화를 동시에 가지고 있어야 한다. 다른 사람들에게 해를 입히거나 세상을 불안하게 만들고 싶은 사람은 하나도 없다. 또 인간은 모두 자신의 인생을 멋있고, 안전하게 설계하고 싶어 한다. 지금은 그 어느 때보다 자신의 미래를 설계하는 일에 촉각을 세우고 있어야 한다.

젊게 생각하는 사람들은 자신들의 미래에 대한 책임감이 투철하며 자신의 미래를 창조해 나가는 일에 대해 누구보다 열성적이다. 우선적으로 그들은 상상력이 굉장히 풍부하며 꿈은 이루어진다는 믿음을 강하게 가지고 있다. 상상이 실현될 수 있게 주변 여건을 만들어 나가는 일이 세상을 변화시키는 힘이 된다.

인간은 태어날 때부터 상상력이라는 힘을 가지고 있지만 나이가 들어가면서 보지 못하면 믿지 못하게 되는 일에 익숙해져 간다. 일부 교육 방법이나 생활 방식이 상상력을 키우는데 도움이 되기도 하지만 우리 대부분은 젊음이 주는 지혜 중 하나인 상상력을 잃어버린 채 살고 있다. 그러나 젊게 생각하는 사람들만큼은 여전히 자신들이 가진 상상력에 목숨을 걸만큼 소중하게 생각을 하고 생활 속에서 상상이 현실이 될 수 있게 노력하고 있다.

머릿속에 먼저 그려보는 일은 우리에게 아주 익숙한 일이다. 직장을 옮기려고 하는 사람은 먼저 자신이 가고 싶어하는 회사가 어땠으면 좋을지 상상을 한다. 소개팅을 받는 자리에 가기 전까지는 상대가 어떤 사람이었으면 좋을지 그 역시 머릿속으로 나름대로 그려본다. 운동을 할 때도 시합에 나가기 전에 결승골을 넣는 자신의 모습을 상상하기도 한다.

미래가 어떤지 보고 싶다는 생각이 들어야 비로써 결과가 어떤지 알 수도 있고 또 결과를 만들 수도 있다. 소개팅에 나간 사람이 자신이 상상했던 사람이거나 어느 정도 비슷한 사람이어야 그 때부터 다음 만남을 가지기 위해 노력하고 그에 따라 지속적인 만남을 가질 수 있게 된다. 자신이 평소 생각했던 스타일과 전혀 다른 이성을 계속 만나려고 노력하는 사람은 별로 없다. 자신이 지금 현재 어디로 가고 싶은지, 어떤 사람을 만나고 싶은지, 무엇을 하고 싶은지 미리 생각해 본 것도 없이 무작정 가고, 만나고, 한다면 제대로 가고, 만나고, 하는 건지 알 길이 전혀 없다.

무한한 상상력으로 자신만의 왕국을 만들어 보기도 하고, 인생 스토리를 써보기도 해야만 비슷하게라도 현실로 만들어 갈 수 있다. 자신만의 세계에 대한 꿈이 있어야 이루어 가려는 노력이 뒤따를 수 있다.

이 장에서 말하는 내용은 앞에서 필자가 얘기한 '흐름에 맡겨라'라는 말과 위배되는 면이있다. 역설적인 내용들이 어디에나 포함되는데 젊게 생각하는 사람들은 자신들의 인생에서 어떤 요소들이 전략적으로 필요한지 가려내는 능력이 탁월하기 때문에 사전 계획을 철저하게 구상할 수 있다. 그러면서 흐름에 맡기는 일과 재미를 찾는 일을 그 안에 녹아들 수 있게 한다.

이런 마인드는 젊게 생각하는 사람들의 특권이나 마찬가지인 창의성으로 이어진다. 창의성이란 상상을 구체화시키는 일로 마음 속에 품은 생각을 현실 속으로 끄집어 내는 교량 역할을 한다. 창의성은 신선함과 최초라는 수식어를 달고 다니는데 사용 가치가 있는 것에만 어울려 쓸 수 있는 말이다. 즉, 세상을 조금이라도 바꿀 수 있는지 그 여부를 생각해봐야 한다. 창의적인 결과물은 세상을 만들어가는 것이라는 뜻이기 때문에 젊게 생각하는 사람들은 그 일에 일조를 하고 싶어하는 사람이다.

창의력은 하늘이 주신 재능이 아니라 직접적인 실행을 통해 얻는 것이다. 아이들 때는 창의적인 모습을 가지는 게 더 자연스럽게 일어날 수 있지만 어른이 되어서는 꾸준한 연습과 좋은 습관만이 어렸을 때 가졌던 창의력을 잃지 않고 유지할 수 있는 비결이다.

창의력은 무수히 많은 분야에서 나타난다. 책을 집필하는 곳에서, 음악을 작곡하는 일에서, 그림을 그리거나, 건축 디자인을 할 때 등에서 나타난다. 또 조직을 운영해 나갈 때, 사업을 새로 시작할 때도 나타난다. 우리들 일상 생활의 곳곳에서도 나타난다.

창의력
높이기

상상력을 발휘하고 창의력을 높이는 일은 젊음이 주는 지혜 중 가장 큰 즐거움을 얻을 수 있는 일이다.

생각의 나이가 많을수록 창의력과 상상력은 점점 더 줄어든다. 다음에 나오는 통계자료에서 보듯이 25살이 되면 우리 모두는 세상을 보이는 그대로만 받아들이기 시작한다. 그러다가 65살이 넘으면 그런 모습들이 더 급격히 나타난다.

구분	15~17세	18~24세	25~34세	35~44세	45~54세	55~64세	65세 이상
나는 수시로 꿈과 현실이 공존하는 나만의 왕국을 상상해 보곤 한다.	57%	61%	54%	45%	47%	44%	32%

출처 Sociovision 3SC UK, 2005

젊은이들의 열정은 음악을 창작하는 일부터 시작해서 새로운 접근 방법이나 새로운 사고방식 등에서 나타난다. 사실 어떻게 보면 남들보다 앞선 최초라는 말과 남들과 다른 모습을 가지고 싶은게 맞을지도 모른다.

젊게 생각하는 사람들은 이런 젊은이들과 똑같은 생각을 하고 산다. 그렇지 않고서는 70살 먹은 노인이 새로운 발명품을 만들어내는 일이나 평생 가정에서 살림만 하던 아줌마가 갑자기 음식 사업에 뛰어드는 일이 어떻게 가능할까?

창의력을 가지는 일에는 나이 제한이 없다. 생각 자체를 어린 시절로 돌아가게 만들면 된다. 그리고 바로 직접 만들어보는 일을 하면 된다.

꿈꾸는 것조차
포기하지 마라

마틴 루터 킹(Martin Luther King)은 사람들에게 모든 인류가 마음 속 깊숙이 있는 순수한 감정으로 하나가 되길 바라는 꿈이 있다고 말했다. 꿈은 위대하다. 꿈은 사기를 드높이기도 한다. 꿈을 갖는 건 흥분되는 일인 동시에 실천을 불러 일으킨다. 꿈이 없다면 아무런 동기도 없이 사는 것과 같다. 그리고 나이 든 사람들에게는 유난히 결여

되어 있는 부분이기도 하다.

80살 노인에게 미래의 계획이 뭐냐고 물어본다면 이상한 눈으로 쳐다볼게 뻔하다. "계획? 이 나이에? 이 사람이 미쳤나. 지금 나 놀리는 거지?"

더 놀라운 사실은 그런 말이 30~40대 사람들에게서도 심심치 않게 나온다는 것이다. 나이가 많은 노인과 똑같이 미래에 대한 지도를 잃어버린 채 살고 있는 사람이 우리 주위에는 너무나 많다. 꿈은 어린 애들에게나 어울리는 얘기지 나이 든 어른에게는 적합하지 않은 말이라고 생각을 하는게 문제다.

생각 자체가 진부한 사람들은 과거의 향수에 파묻혀 살기를 좋아한다. 자신들이 어렸을 때 사회가 어땠고, 자신들은 또 어땠는지만 생각을 한다. 그러면서 한결같이 시대를 잘못타고 나서 너무 인생이 불공평하다는 말을 한다.

모든 걸 비관적으로만 생각하는 사람에게 꿈이라는게 존재할 수 있을까? 살아가는 동기가 있기나 할까? 죽는 날까지 악몽 속에 시달리기만 할 뿐이다. 과거가 좋았다는 생각이 클수록 미래는 더 나빠질 수 밖에 없다.

나이든 사람들이 하는 가장 흔한 말이 "미래를 만들어간다고? 지금 현재도 어쩌지 못해서 쩔쩔매고 있는데…."이다. 하지만 나이가 몇 살이든지 18살이든지, 80살이든지 미래를 꿈꾸고 만들어가는 일은 투자가치가 충분한 일이다. 다음에 나오는 내용들을 보고 여러분의 삶이 어떻게 더 나아질 수 있는지 꿈이라도 꿔보자.

내일을 꿈꾸게 되면 좋은 점들 |

♠ 다른 사람들을 기쁘게 할 수 있는 특별한 무엇인가를 만들게 된다(예를 들어 그림, 화분 키우기, 요리하기 등).

♠ 흥분되는 꿈을 가지게 되면 비전이 보인다.

♠ 상상력이 풍부해진다.

♠ 신선함이 없는 얘기나 생각을 멀리하고 안좋은 생각부터 하는 습관이 없어진다.

♠ 하루하루를 더 알차게 보내게 된다.

♠ 발명가가 될 수도 있고 새로운 모험적인 일을 시작해 볼 수도 있다.

♠ 가족들과 함께 하는 생활이 매일매일 새로워진다.

♠ 어려운 상황을 헤쳐나가고자 하는 마음이 강해진다.

♠ 다른 사람들의 창조적인 작품을 흥미롭게 감상할 수 있다.

♠ 집안의 환경을 새롭게 바꾸려고 한다.

♠ 미래를 최우선으로 생각한다.

♠ 삶에 대한 특별한 희망을 가지게 된다.

내일을 꿈꾸기 위해 가져야 할
세 가지 마인드

위에 나왔던 좋은 점들을 손에 넣기 위해서는 당연히 노력이 동반되어야 한다. 다음에 나오는 세 가지 마인드를 충분히 이해하고 마음속에 품기 위해 노력해야 한다.

① 낙관주의자가 되라

② 마법을 부려라

③ 꿈을 꾸는 용기를 가져라

낙관주의자가 되라 |

"거의 모든 일이 불가능하다고 믿는 편입니까?"
"무슨 일이든지 '틀렸어', '난 도저히 할 수 없는 거야'라는 생각부터 듭니까?"

역사적인 사실들

인류의 진화 과정을 발전적으로 만들었던 사람들이 있다면 분명 젊게 생각하는 사람들 즉, 낙관주의자들이었을 것이다. 그들은 긍정적인 생각이 전혀 없어보이는 사람들보다 더 많은 일을 했을게 분명하기 때문이다. 지금 시대에서는 낙관적이라는 말보다는 긍정적인 모습이라는 말이 더 맞을 수도 있다.

낙관주의자들은 단순히 희망을 가지고 사는 일에 최고라는 뜻이 아니다. 희망은 아주 긍정적이면서도 구체적인 실행 계획은 없고, 약간의 행동만 있고, 깨지기도 쉽고 착각으로 그치기도 한다. 낙관주의자들은 자기 말에 책임을 지고, 행동으로 보여주기 때문에 희망을 현실로 바꾸는데 최고라는 의미를 가지고 있다.

역사 속에서 낙관주의자들이 수많은 영향을 끼쳤다는 사실들이 곳곳에서 드러나고 있다. 낙관주의자들은 먼저 힘들고 어려운 일에 직면하게 되면 낙관적인 생각을 먼저 하는 경향이 많다. 그리고는 자신들이 실제 가지고 있는 능력보다 더 잘할 수 있다는 믿음을 가진다. 그리고 마지막으로 모든 어려움을 뚫고 자신이 생각한 방향으로 일을 끝마친다. 또 낙관주의자들이 더 오래 건강하게 산다는 사실이 과학적으로 입증되기도 했다.

비관적인 생각은 독이다

"미소로 하루를 시작하면 미소로 하루가 끝난다."

1939년 2차 세계 대전 중 윈스턴 처칠(Winston Churchill)은 프랑스가 나치의 수중에 들어가자 이제 영국만이 외롭게 나치와 싸워야 하는 최악의 상황이 다가오고 있음을 알았다. 독일 공군의 무차별 폭탄 세례에 견뎌내야 하는 상황 속에서 영국 국민들이 과연 잘 버텨낼 수 있을까 하는 걱정만이 그의 앞에 놓여있었다.

그 때 처칠은 낙관적인 생각만이 이 위기상황을 극복할 수 있다고 믿었는데, 사람들에게 비관적인 생각이 넘쳐나기 시작하면 모든게 끝장나고 결국은 독일이 승리할 게 뻔했기 때문이었다. 그래서 처칠은 대국민 연설을 통해 이 어려운 시간만 잘 버티면 결국은 승리할 수 있게 되고 나중에 시간이 지나고 나서 지금을 회상하면서 이런 말을 하게 될 것이라고 얘기했다. "그 때가 가장 좋았었다"

낙관주의의 반대말인 비관주의가 얼마나 독이 되는 존재인지를 알아야 한다. 비관주의는 인간의 모든 것들을 황폐화시켜 결국에는 내게 행복이란 전혀 어울리지 않는다는 자괴감에 빠지게 되는 우울증으로 번지게 만든다. 비관주의자들은 자신들이 할 수 있는 건 아무것도 없다고 생각을 하기 때문에 아무런 행동도 하지 않는다. 그러면서 자기는 아무것도 못한다는 자기 체면 속으로 깊게 빠져만 간다. 비관주의자들은 자신의 삶을 어떻게 할 수 없다는 생각이 너무 강하기 때문에 결과적으로 불행하다고 느끼는 감정의 쳇바퀴 안에서 살다가 죽는다. 그래서 당연히 안좋은 일만 일어나는 불행한 존재라는 생각을 하면서 쓸모없는 사람이라는 생각까지 만들게 한다.

수많은 연구 자료를 보면 비관주의자들은 하나같이 끝까지 하는 일이 거의 없고, 쉽게 포기하고, 자주 우울한 기분에 사로잡힌다는 걸 알 수 있다. 반대로 낙관주의자들은 학교나 직장에서나 인정을 받고 운동선수들의 경우에는 승리의 메달을 받는다.

마법을 부려라 |

"주위 사람들이 깜짝 놀랄 정도로 기발한 생각을 하는 편입니까?"
"세상사가 너무 복잡하게만 보입니까? 아니면 흥미롭게 보입니까?"

매혹적인 낱말

산다는 이유 하나만으로도 젊게 생각하는 사람들에게는 즐거움 그 자체이다. 또 그렇게 만들려고 한다. 특별하게 달라질 게 없는 반복되는 일상 속에서도 그들은 뜻밖의 일들을 만들어내고, 흥분되는 일들을 만들어서 사는 걸 즐겁게 만든다.

젊게 생각하고 살아가는 사람들도 9시부터 6시까지의 근무 시간은 괴로운 시간이긴 매한가지이지만 평범하지 않은 일들을 만들면서 따분하지 않게 보내는 방법들을 본능적으로 알고 있다. 단조롭고 지

루한 일이 아무리 반복된다 하더라도 그들은 상상력을 발휘해 조금이
라고 행복함을 느낄 수 있게끔 아주 작고 독창적인 생각과 행동을 한
다. 그래서 하루가 좀 더 다르게 보일 수 있게 노력한다.

젊게 생각하는 사람들에게 마법을 부리는 일은 먹고 살기 위해 어
쩔 수 없이 하는 일이라도 그 안에서 재미나 즐거움을 찾을 수 있는
일을 만들려고 하는 걸 의미한다. 그래서 작은 일상 생활에서도 꿈이
실현될 수 있게 한다.

회사에서 오늘 하루 중 힘든 일이 있었나요?

노년이나 중년의 생각 나이를 가진 사람들은 집에 가서도 자기 전
까지 계속 그 일 때문에 속앓이를 한다. 반면에 젊게 생각하는 사람
들은 어떻게 하면 그 생각에서 벗어나서 좋은 생각만 하고 신이 날수
있게 퇴근 후의 자기 시간을 보낼까를 고민한다. 그래서 바에 앉아
술을 마시거나, 쇼핑을 하러가거나, 영화를 보러가거나, 컴퓨터 게임
을 하거나 아니면 오래동안 못보고 있던 친구를 만나러가거나 등 어
떻게 해서든 안좋은 일에서 빠져나올 수 있는 마법을 걸려고 애를 쓴
다. 나이 든 사람들은 그런 일이 있으면 혼자 조용히 생각해야 하는
게 정상이라고 생각을 한다. 하지만 그 반대인 사람들은 그 시간에
다른 사람과 함께 어울리면서 자가당착에 빠지지 않게 만드는 마법
을 부린다.

작고 사소한 일이라도 특별한 순간을 만들 수 있다. 어깨 위에 작

은 문신을 해보거나, 섹시한 속옷을 사서 입어보거나, 친구와 야한 얘기를 하면서 보내거나 하면서 내 자신이 좀 이상하게 보일까봐 해보지 못했던 일들을 가끔 한번씩 해보면서 만족감과 즐거움을 찾아보는 것도 좋은 방법이다. 매일 반복되는 지루한 일상 속에서 조금이라도 탈피해 보고 싶다면 세속적인 일들로부터 재미와 흥분을 느낄 수 있도록 약간의 창의성을 발휘하는 마법을 부릴줄 알아야 한다.

마법을 부리는 일은 집에서도 충분히 할 수 있다. 사랑하는 사람들을 위해 못하는 요리라도 정성껏 만들어 보거나 조명을 낮추고 조용히 쇼팽이나 레너드 코헨(Leonard Norman Cohen, 1934년 9월 21일~, 캐나다의 시인이자 소설가, 싱어 송 라이터)의 음악을 들어보기도 한다면 마법같은 순간을 만끽할 수 있다. 그날의 기분에 따라 향수를 바꿔 뿌려보기도 하면 향이 주는 마법에 빠질 수도 있다. 그리고 아이돌 댄스 그룹이 부르는 노래를 최대한 크게 틀어놓고 몸을 맡기면 감정이 최고조로 올라가는 마법에 걸릴 수도 있다.

창의적인 사람들 즉, 젊게 생각하는 사람들은 생활 속 곳곳에서 창의적인 결과물들을 만들어내 자신만의 성취감과 만족감을 얻으려고 한다. 그리고 그렇게 열심히 이루어낸 결과물들로 인한 금전적인 보상을 바라지도 않는다. 단지 인정을 받고 싶어할 뿐이다. 특히 리눅스와 같은 오픈 소스 소프트웨어 개발자들은 돈을 벌려고 하기보다는 사람들과 함께 자유롭게 나누고 싶다는 취지를 가지고 지금 이 시간에도 밤을 새워 가면서 프로그래밍을 하고 있다.

사람들에게 인정을 받을수록 그들이 만들어낸 창의적인 결과물들은 그 빛을 더 발하게 되고 인정받은 만큼 더 열심히 창의적인 작업에만 몰두하게 된다. 결과적으로 젊게 생각하는 사람들은 마법사로 인식되고 싶어한다.

복합성에서 얻는 이점

젊게 생각하는 사람들은 마법같은 일을 벌이기 위해 자신들의 안테나를 최대한 멀리, 넓게 펼치고 있다. 최신 기술에도, 다문화가 주는 영향에 대해서도, 9·11 테러가 주었던 충격에 대해서도 관심을 가지고 지켜보고 있다. 젊게 생각하는 사람들은 이렇게 다양한 소스들을 하나로 모아놓고 그 안에서 새로운 무엇인가를 만들어 낼 때 기쁨을 얻는다.

터치 스크린과 핸드폰이 결합해 아이폰이 만들어졌다. 애플 사의 스티브 잡스야 말로 필자가 아는 사람 중 최고로 젊게 생각하며 살아가는 사람이다. 실제 나이는 중년이지만 생각 나이만큼은 최고로 젊다.

이런 식으로 우리 주위에서 흔하게 볼 수 있는 것들을 가지고 서로 결합해 더 유용하게 쓸 수 있도록 만드는 일에 대해서 젊게 생각하는 사람들은 복잡함과 복합성이 주는 이점이라는 기본적인 생각을 가지고 있다.

그렇다면 서로 다른 두 개가 결합해 천 개를 얻을 수 있을 수도 있지 않을까? 젊게 생각하고 살아가는 사람들은 인터넷의 힘을 알고 있기 때문에 충분히 그럴 수 있다고 받아들인다. 여기서 말하는 복잡함이란 모든 사람들에게 유익한 면을 가지고 있어야 한다. 플리커(www.flickr.com)라는 웹사이트는 전세계 사람들이 자신이 찍은 사진을 서로 돌려볼 수 있는 곳이다. 분명 겉으로 보기에는 상당히 복잡해 보이지만 이 속에서 개개인들은 다른 사람들의 창의적인 사진 작품들을 보면서 자극을 받고 격려를 주고 받는다.

복잡함 속에서 얻을 수 있는 이점은 현대 사회가 주는 풍요로움 안에서 다양한 기회를 발견할 수 있다는 것이다.

꿈을 꾸는 용기를 가져라 |

"순간적으로 떠오른 기발한 생각을 직접 실현해 볼 계획을 가졌던 적이 있었는가?"

"가상 세계를 체험하는 걸 좋아하는 편입니까? - 공상 과학 영화, 비디오 게임, 초현실주의 작품 등

다시 어린 시절로

젊게 생각하는 사람들은 어린 아이들과 같은 마음을 가지기 위해

용기를 낸다. 그래야 매일 창의력과 상상력을 발휘하며 살 수 있기 때문이다. 대부분 성인이 되어서도 그런 마음을 가지려고 하지만 실제로 어릴 때의 상상력을 커서도 가지고 있기란 여간 힘든 게 아니다.

여러분의 어린 시절을 잠깐 동안 생각해보자. 아마 여러분 모두는 상상력이 풍부한 아이였었고 인형이나 로봇들을 가지고 환상적인 자신만의 세계를 만들어 보곤 했을 것이다. 때로는 의사가 되어보기도 하고, 간호사가 되어보기도 하고 친구들과 병정놀이를 하기도 했을 것이다.

그 때는 머릿속에서 무수히 많은 상상을 하며 지내는 게 자연스러웠다. 자신이 상상한 세계 속에 나오는 어른들을 깜짝 놀래켜주고 혼내는 일이 대수롭지 않게 벌어졌었다. 그 후에 도대체 무슨 일이 벌어졌길래 이렇게 됐을까? 답은 아주 간단하다. 교육, 특히 학교 교육을 받기 시작하면서 상상력이 무너지기 시작했다.

그래서 젊게 생각하는 사람들은 창의력과 상상력을 가지기 위해서는 아주 어렸을 때로 돌아가야 한다고 믿고 있다. 천진난만한 말장난을 하면서, 또 조금이라도 어리게 보이려고 노력하면서, 또 창피해지는 걸 별로 대수롭지 않게 생각하면서 그때로 돌아가려고 애를 쓴다. 광고 기획사나 디자인 회사 중에서 이런 식의 노력을 회사 차원에서 벌이는 곳을 심심치 않게 볼 수 있다. 왜냐하면 다른 어느 분야보다 상상력이나 창의력이 절실히 필요한 곳이기 때문이다.

　꿈을 꾸는 용기는 나이에도 상관없고, 어떤 일이 벌어지기를 바라는지도 상관이 없다, 그 자체가 중요하다. 꿈 속에서는 어떤 모양이라도 가능하고 크기나 색깔, 냄새까지 자기가 원하는대로 그려질 수 있다. 꿈 속에서는 불편한 사람과 사이좋게 지낼 수도 있고, 좋아해서는 안되는 사람까지 사랑할 수도 있다.

　그리고 풍족하게도 살 수 있고 지금보다 더 활동적으로 사는 모습을 꿈꿔 볼 수도 있다. 내용이 무엇이든 일단 상상을 해볼 수만 있다면 그래서 마음 속으로 자기가 원하는 게 그려질 수 있다면 그때부터 현실이 되게끔 하는 방법을 찾으면 된다. 이처럼 동심으로 돌아가는 노력이 커진다면 지금과 같은 모습과는 상당히 많이 달라진 자신을 발견하게 될 수 있다.

　젊게 생각하는 사람들은 본능적으로 이런 사실들을 잘 알고 있기 때문에 꿈을 가지는 게 얼마나 중요하고 소중한지를 깨닫고 있다. 그리고 깨어 있을 때 꾸는 꿈만큼 잠 속에서 꾸는 꿈도 똑같이 중요하다고 생각을 하고 있다. 꿈 속에서 벌어진 일들에서 많은 아이디어를 얻을 수 있기 때문이다.

　세계적으로 유명한 베스트셀러 저자인 스티븐 킹(Steven King)은 꿈 속에서 가장 좋은 아이디어를 얻었다고 말했다. 그뿐만 아니라 유명한 작곡가들도 꿈에서 나왔던 악보를 꿈에서 깨자마자 실제 곡으로 만든다고 한다. 발명가들도 침대 옆에 메모지를 놓고 자다가 꿈 속에서 좋은 아이디어가 생기면 바로 일어나 메모를 하고 잔다고 한다. 이렇게 수많은 경우들 안에서 꿈은 중요하고, 의미가 있고, 최초의 정보를 제공한다. 그리고 나중에 그게 현실화 됐을 때는 충분한 가치를 인정받는 결과물이 된다.

피카소 역시 이런 말을 했다. "모든 아이들은 예술가로 태어난다. 문제는 그들이 커서도 예술가로 남아있는가 하는 것이다."

창의성은 아이들과 같은 동심을 지니고 세상에 못 만들어낼 건 하나도 없다고 믿는 낙관주의가 필요하다. 그리고 아이들과 같은 동심을 지니기 위해서는 아이들과 같은 놀이를 하고 같은 책을 읽고, 같은 이야기를 해야 한다.

새로운 엘리트의 일부분

요즘은 꿈이 많은 사람들이 사회적으로 인정받는 경우가 많다. 창의적인 일을 하는 사람일수록 몸값이 더 높은 것도 그런 사회적 현실을 반영하고 있다. 예전에는 예술가들이 괴짜로 취급받고 게으르고 창작을 위해 고통을 겪으며 또 대부분 가난하고 그런 사람들로 인식이 되었었다. 반 고흐나 모짜르트같은 유명한 예술가들이 그렇게 살다가 죽기도 했다.

모든 게 변했듯이 창의적인 일을 하는 사람들 역시 지금 사회에서는 신비로운 존재처럼 떠받들어지면서 물질적으로 풍요롭게 살고 있다. 음악과 춤과 영화, 그림으로 사람들의 마음을 움직이면서 때로는 울게 만들었다가 때로는 웃게도 만들고 우리가 인간이라는 사실을 깨닫게 해주고 있다. 그리고 우리들도 그에 따르는 대가를 충분히 지급해주고 있다.

마돈나는 세계에서 가장 부유한 여자 중 한 사람이고 데미안 허스트(Damien Hirst - 영국의 예술가. 살아있는 현대 미술의 전설이며 yBa(young British artists)로 불리는 영국 현대 미술의 부활을 이끈 장본인)와 같은 예술가들은 전 세계 사람들로부터 추앙을 받는다. 톰 크루즈같은 영화배우는 전 세계를 자기 집 앞마당처럼 넘나들고 있고 조앤 롤링은 해리 포터를 써서 전설적인 부를 이루어냈다.

지금까지 얘기했던 예술가들은 진부하게 생각하는 사람들일까? 아니면 젊게 생각하고 살아가는 사람들일까? 물론 그들은 젊게 생각하고 살아가는 사람들 중에서도 새롭게 떠오르는 뉴 엘리트 집단이다.

창의적인 일을 통해 부를 쌓아나가는 경우는 앞으로 더 많아질 것이다. 미국 뒷골목 출신의 래퍼들을 보면 좀 더 쉽게 이해할 수 있다. 미국에서는 뒷골목의 가난한 아이들이 부자가 되기 위해서는 딱 세 가지의 길이 있다. 운동선수, 마피아, 음악.

그렇게 해서 성공한 래퍼 중에는 50센트(50cent)와 에미넴(Eminem)이 대표적인데 그 둘 모두는 부와 명예를 손에 쥐었다. 지금 이 시간에도 미국 뿐 아니라 전 세계에서 수많은 젊은이들이 지하 연습실이나 차고에서 50센트와 에미넴같은 래퍼가 되기 위해 땀을 흘리고 있다.

젊게 생각하며 살아가는 사람들 중 창의적인 일을 하는 사람들이 음악에만 있는 건 아니다. 스티브 잡스의 강연회가 열리는 날에는 전 세계의 시선이 모두 집중된다. 전 세계는 항상 그의 움직임을 예의주시하면서 천재적인 엔지니어가 이번엔 뭘 들고 나타날까? 그리고 다음에는 또 뭘 들고 우리들 앞에 나타날까라고 생각하게 만든다.

스티브 잡스는 기조 연설 말미에 항상 종교적인 의식처럼 보이는 행동을 한다. 강연을 마치고 강단에서 물러나다가 갑자기 돌아서서 말을 한다. "아! 한 가지 더……."

이런 행동을 통해 파워북이나 아이팟을 소개했으며 그 밖의 중요한 제품을 항상 이런 식으로 사람들에게 발표했다.

더 나은 디자인

좋은 디자인이라는 말은 나이 든 사람들에게는 별로 와닿지 않는다. 하지만 젊게 생각하고 살아가는 사람들은 디자인을 중시하기 시작한 사회 분위기를 선도하고 있다. 꿈을 꾸는 용기를 가지는 일은 우리의 생활들을 아름답게 만들고 싶다는 바램과 크게 다르지 않다. 수많은 건축물들과 집, 옷, 생활용품 등에서 그 어느 때보다 디자인의 중요성이 크게 부각되고 있다. 그리고 젊게 생각하는 사람들은 그 중요성을 더 높게 보고 있다.

중부 프랑스 지방에 있는 세계에서 가장 높은 구름다리인 milhau bridge(미오교)나 시드니의 오페라 하우스, 타이페이 101층 빌딩 등

불가사의해 보이는 건축물을 보기 위해 사람들은 먼거리를 마다않고 달려간다.

전시장에 내걸린 작품들 중에는 사람들이 모두 좋아할만한 것만 있는 게 아니고 작가의 상상력을 대중들이 따라갈 수 없을 만큼 다양하고 기묘한 형태를 띠기도 한다. 전 세계의 큐레이터들은 때로는 일반 대중들이 이해하지 못할 정도의 새로운 에너지와 자극을 느낄 수 있는 작품을 선별하고 있다. 미술과 패션 산업이 하나로 밀접하게 연결되고 있어 몇 년안에 미술 작품같은 옷을 입고 다니는 날도 올 것이다.

젊게 생각하고 살아가는 사람들은 스타일에 대해 굉장히 민감하다. 그래서 그들은 보기 좋은 디지털 카메라를 구입하고 디자인이 획기적인 Apple Mac을 구입한다. 미적 감각을 최대한 살리면서 실용성 또한 뒤지지 않는 제품이 그들에게는 최우선 순위이다. 그래야 더 큰 기쁨과 만족감을 가지고 생활할 수 있기 때문이다.

인간은 원래 아름다움을 추구하는 본능이 있으므로 디자인에 대해 더 신경을 쓸 수밖에 없다. 젊게 생각하는 사람들이 그 부분에 더 적극적일 뿐이다.

　상상력과 창의력은 젊게 생각하고 살아가는 사람들만이 누릴 수 있는 특권이자 축복이다.

　낙관적인 생각은 행복함과 충만함을 부르고 그렇게 되면 하루하루를 즐겁고 보람되게 보내면서 미래를 설계할 수 있게 된다.

♠ 미래를 희망적으로 봐라. 그래서 성공적인 미래가 내 앞에 펼쳐질 수 있다고 믿어라.

♠ 일상적인 하루 안에서도 마법을 부려서 뭔가 특별하고 차별화된 시간을 보낼 수 있게 해라.

♠ 꿈을 크게 가져라.

You can be as young as you think

Youth Quotient **09**

젊게 생각하는 사람들이 인정받는 이유

지금까지 어떻게 하면 젊음의 지혜를 통해 젊음 지수를 높일 수 있는지 그 방법들에 대해 알아봤다. 한 개인이 자신의 삶을 어떻게 바꿔야 하는지 개략적인 내용들을 살펴봤는데 그걸 통해 한 개인이 긍정적으로 바뀌면 그가 속해 있는 가정이나 회사, 사회가 어떤 이점을 얻게 되는지 대강이라도 짐작해 볼 수 있다.

분명한 것은 젊게 생각하는 사람들은 같이 생활하는 다른 사람들뿐만 아니라 그가 속한 사회 전반에 걸쳐 수많은 도움을 줄 수 있다는 사실이다.

실제 나이에 상관없이 모든 사람들이 젊게 생각하고 살아갈 수만 있다면 작은 공동체부터 거대한 국가에 이르기까지 얼마나 역동적으로 변할 수 있을까? 많은 사람들이 젊음이 갖는 진정한 장점을 가지고 살아갈 수만 있다면 지금처럼 노령화 사회라는 문제가 크게 대두될까? 젊게 생각하고 살아가는 사람들의 생각의 유연함과 에너지, 창의력이 회사에 넘쳐난다면 성공하는 회사가 되지 않을까?

지금부터 짧게나마 젊게 생각하는 사람들로 넘쳐나는 공동체가 있다면 얼마나 더 좋게 변하는지를 알아보도록 하자.

젊게 생각하는 가정

가정이 제 기능을 하기는커녕 역기능을 한다면 말이 될까? 말은 안되지만 완벽하게 서로 조화를 이루면서 살아가는 가정 또한 거의 찾아보기 힘들다.

가족들 안에 젊게 생각하고 살아가는 사람들이 있다면 분명 처음에는 말싸움부터 일어난다. 왜냐하면 진부하게 생각하는 가족들 때문이다. 진부하고 고리타분하게 생각하는 가족들의 어떤 점 때문에 사사건건 말싸움이 일어나는지 알아보면 다음과 같다.

♠ 여행가는 걸 싫어한다.

♠ 항상 화가 난 얼굴을 하고 있고 손님이 찾아와도 반가운 내색을 별로 하지 않는다.

♠ 몸이 조금이라도 불편해지는 걸 싫어한다. 밖으로 돌아다니는 것도 싫어하고 항상 편하게 쇼파에 앉아 있고 싶어한다.

♠ 다른 가족이 힘들어 할 때 짜증만 내고 해결책은 말하지 못한다.

♠ 가족끼리만 있는 시간을 많이 가지려고 한다. 그래서 친한 친구들과 어울리는 시간조차 못가지게 한다.

♠ 일반적으로 자주 아프다.

♠ 웃음이 없다. 그래서 농담을 해도 진담으로 받아들인다.

위에 나오는 리스트들 외에도 많지만 일반적인 것 몇 가지만 간추려봤다. 아마 여러분 가족 중에도 분명 저런 사람들이 있을 것이다. 가족들 모두 젊게 생각할 수 있게 되면 다음과 같은 이점들을 얻을 수 있다.

♠ 관계가 더 밀접해진다.

♠ 아량이 넓어진다.

♠ 가족들 사이에 웃음이 많아지고 가족 공동의 관심사가 생긴다.

♠ 가족들끼리 얘기할 때 긴장할 필요가 없어진다.

♠ 세대 차이를 받아들이고 자녀들을 무조건 나쁘게만 보지 않는다.

♠ 핸드폰 통화나 문자를 주고받으며 서로의 생활에 대해 좀 더 깊이 이해할 수 있다.

♠ 각자 방에 들어가 TV를 보는 대신 가족들 모두 바깥 바람을 쐬며 같이 활동할 수 있는 시간을 만들려고 한다.

♠ 가사 일에 남자, 여자가 없어진다.

젊게 생각하는 사람들의 모임

대부분의 사회에서 싸움이 자주 일어나는 곳 중 하나가 모임이다. 싸움만 일어나는 모임은 회원수가 감소하면서 결국에는 모임 자체가 존폐 위기에 빠진다. 하지만 젊게 생각하는 사람들이 신규 회원으로 많이 들어오면 유대감이 더 강해진다. 기존 회원들과 잘 어울릴 뿐만 아니라 자신들의 인맥을 동원해 다른 신규 회원을 적극적으로 끌어들인다. 그래서 회원수가 가지에 가지를 치듯이 늘어나 모임이 활발하게 운영될 수 있게 된다.

그렇다면 처음에 어떻게 그런 사람을 섭외할 수 있을까? 솔직함이 최고의 무기이다. 지금 여러분이 몸담고 있는 모임이 유연하게 돌아가고, 활동적이고, 문제도 별로 없고, 창의적이고, 오픈 마인드를 가지고 있는지 한번 생각해보자. 만약 그렇지 못하다면 현재 그 모임에는 젊게 생각하고 살아가는 회원들이 거의 없다는 뜻이 된다. 그러면 젊게 생각하고 살아가는 사람을 신규 회원으로 맞아들이면 모든 문제가 해결될까?

절대 그렇지 않다. 먼저 모임 그 자체가 젊어져야 한다. 모임의 핵심 간부들이나 주요 회원들이 젊게 생각하고 살아가려는 노력이 선행되어야 한다. 그리고나서 티핑 포인트(Tipping Point - 어떤 것이 균형을 깨고 한순간에 전파되는 극적인 순간)를 맞이하면 젊게 생각하는 사람들이 신규 회원으로 들어오기 시작하고 모임이 활성화된다.

젊게 생각하는
사람들의 회사

성공하는 회사들을 보면 대게 직원들의 말에 귀를 기울이고 많은 기회들을 부여한다. 그런 회사들은 젊게 생각하는 사람들이 진부한 사람들과 어떻게 다른지를 이해하고 있기 때문에 회사가 어떻게 돌아가고 있는지 크게 신경을 쓰지 않아도 되고 미래를 대비한 변화를 준비한다.

성공하는 회사들을 보면 젊게 생각하는 고객들을 대상으로 하는 제품과 서비스를 제공하려고 노력하고 직원 채용시에도 젊게 생각하려고 하는 사람들 위주로 뽑는다. 그리고 지속적인 사내 교육을 통해 직원들이 언제나 젊게 생각하며 지낼 수 있게 만든다. 결국에는 젊게 생각하는 회사로 만들어져 더 많은 성공이 뒤따르게 된다.

젊게 생각하는 사람들로 이루어진 소비자들 |

모든 회사들은 필히 젊게 생각하고 살아가는 사람들을 대상으로 연구조사를 벌여야 한다. 왜냐하면 그들 대부분은 소비 패턴이 쉽게 변하고 미래 지향적이기 때문이다. 그들의 시선을 끌 수 있게 하는 요인이 무엇인지를 알아야 시장에서 성공적인 반응을 얻게 된다. 그러나 대부분의 회사들은 젊게 생각하고 살아가는 사람들이 극히 일부 소비자층이라고 생각하거나 가만히 있어도 알아서 찾아오는 사람들이라고 생각을 한다.

이런 측면에서 마케팅 담당자들이 꼭 알고 넘어가야 할 사항이 있다. 우리 회사의 제품을 사용하는 소비자층에서 젊게 생각하고 살아가는 사람들의 비중은 얼마나 되는지 그리고 그들이 필요로 하는 제품 특성을 정확히 홍보하고 있느냐이다.

그리고 또 하나는 젊게 생각하고 살아가는 사람들을 회사의 주요 소비자층으로 만들 것인지의 여부이다. 지금 시장에서 젊게 생각하고 살아가는 사람들은 전자제품, 화장품, 인터넷, 레저 산업 등 많은 곳에서 주요 고객층을 이루고 있다는 사실은 분명히 알아야 한다.

그리고 또 젊게 생각하며 살아가는 사람들의 성향이 내일은 어떻게 달라질 것인지도 알아야 한다. 다시 말해 트렌드를 선도해 나가야 한다는 말이다.

이런 모든 것들을 제대로 알기 위해서는 충분한 분석과 이해가 필요하고 무엇보다 첫 번째로 그들의 생각을 알기 위해 직접적인 대화를 많이 나누어 봐야 한다.

제품과 서비스 ｜

오늘날 많은 기업들이 크게 잘못 판단하고 있는 것 중 하나는 10대와 20대 초반만 겨냥한 제품에 집중하고 있다는 사실이다. 그래서 제품 디자인들은 하나같이 그 나이 또래를 대상으로 만들어진다. 길거리 문화와 패션 그리고 최신 유행에만 하나같이 매달려 있고 아무래도 주요 대상층이 어리기 때문에 제품 가격도 굉장히 저가로 판매한다.

하지만 나이에 상관없이 어느 누구나 젊은 생각을 가지고 있을 수 있다. 그래서 일부 회사 들은 나이에 상관없이 젊게 생각하고 살아가는 소비자층을 대상으로 마케팅을 벌이기도 한다. 오히려 그런 사람들은 10대보다 금전적으로 여유가 더 많기 때문에 저가 제품에만 매달려할 필요도 없다. 그래서 가족들 모두가 같이 즐길 수 있는 비디오 게임을 만드는 회사도 있고, 중후한 멋보다 단순하면서 세련된 고급 차를 만드는 회사도 있고, 기차 여행을 통해 모르는 사람들과 같이 어울릴 수 있게 하는 여행 상품을 만드는 회사도 있다.

젊음이 최고의 화두로 떠오르고 있는 요즘에는 이렇게 나이와 상관없이 젊게 생각하고 살아가는 사람들을 위한 시장만 잘 공략해도 성공적인 회사가 될 수 있다.

젊게 생각하는 직원들 |

젊게 생각하며 살아가는 사람들은 어느 회사나 꼭 필요한 존재이다. 다음에는 왜 그런 사람들이 경영자들에게 최고로 인정받는지 그 이유를 정리했다.

♠ 트렌드를 읽는 눈이 탁월하다.

♠ 변화를 거부하지 않고 오히려 좋아한다.

♠ 최신 정보와 상식을 많이 알기 때문에 어디서나 대화가 잘 통한다.

♠ 실천력이 뛰어나다.

♠ 협동심이 좋다. 학연, 지연, 혈연이나 남자, 여자를 따지지 않는다.

♠ 이해력이 빨라서 결단력도 빠르다.

♠ 고정관념에 빠져 있지 않다.

♠ 에너지가 넘친다.

♠ 유머가 많아 친화력이 높다.

♠ 자기계발에 많은 투자를 한다.

♠ 인맥이 넓다.

♠ 운이 따른다.

경영자의 입장에서 이런 사람들이 있다면 당연히 좋아할 수밖에 없다. 필자는 모든 회사에서 직원들을 대상으로 젊음 지수를 테스트

해봐서 진부한 사람들을 대상으로 젊게 생각하고 살아갈 수 있게 교육을 하는게 더 쉽고 빠르게 회사가 성공의 길로 갈 수 있지 않을까 라는 생각도 해본다. 성공적으로 경영을 하고 있는 회사들은 직원들이 조금이라도 진부한 생각에 빠지지 않도록 하고 있다. 시장에서 조금이라도 뒤쳐지지 않으려고 직원들 스스로 젊게 생각할 수 있도록 근무 환경을 조성한다.

젊게 생각하는 사람들을 채용만 해놓고 생산성과 연계를 시키지 못하면 전혀 소용이 없다. 앞으로는 성공하는 회사가 되려면 회사 자체가 젊게 돌아가야 할 것이다. 진부하고 고리타분한 경영 방침으로 얼마나 많은 회사들이 현재 어려움을 겪고 있는지 여러분도 잘 알 것이다. 그런 회사들의 브레인 스토밍 과정 역시 너무 뻔한 결과를 만들어내고, 상상력이 너무 부족하고, 미래를 내다보지도 못한다. 그렇기 때문에 회사 자체가 젊게 생각하고 움직이게 될 때만이 성공적인 이노베이션을 할 수 있다.

젊게 생각하는 회사들 |

젊게 생각하고 운영되는 회사들은 어디일까? 누구나 알 수 있는 애플, 구글이 그 대표적인 예이며 그밖에도 수많은 광고 대행사들 디자인 기획사들이 있다. 도요타와 할리 데이비슨, 나이키와 오클리 등도 대표적인 회사들이다.

이런 회사들의 공통점은 젊게 생각하고 살아가는 사람들이 꿈꾸는 직장이며 그 안에서 일하는 사람들 모두 능동적으로 근무를 하고 있다. 젊게 생각하는 회사들은 에너지가 항상 넘치고 언제나 미래 지향적이고 긍정적인 사고방식 즉, 젊게 생각하려고 노력하는 일을 게을리 하지 않는다.

반면에 진부하고 고리타분함이 넘치는 회사는 너무 느리고, 너무 안정적인 일만 추구하고, 너무 심각한 상태로 직원들이 일을 한다. 그래서 젊게 생각하는 사람들은 면접 과정에서 이 회사가 너무 고리타분하고 시대에 뒤쳐져서 일을 하는 회사라고 판단되면 그 자리를 조용히 빠져나온다.

Six steps to
staying younger
and feeling
sharper

You can
be as
young
as you
think

Youth Quotient **10**

영원한
젊음

지금까지 얘기한 내용 중 여러분이 꼭 알고 있어야 하는 건 젊음이
주는 지혜 중 아무 것도 몰라서 두려움도 없었던 그래서 쉽게 행동으
로 옮길 수 있었던 용기이다. 현재의 사회에서 우리 모두가 가져야
할 가장 큰 지혜이다.

필자는 지금까지 이 책을 읽으면서 여러분 모두에게 새로운 목표
가 생겼길 바란다. 여러분 자신을 믿고 사랑할 수 있기를 바라며, 지
금 이 순간 여러분 곁에 있는 기회를 놓치고 지나치지 말기를 바라
며, 여러분의 인생을 다시 새롭게 만들어 나갈 수 있다는 확신을 가
지길 바란다.

필자가 이 책을 통해 여러분에게 하고 싶었던 말은 변화에 대한 것
들이었다. 젊음이 주는 지혜를 통해서 여러분의 마음가짐을 새롭게

변화시켜 개방적이고, 유연하며 에너지가 넘치고, 용기를 가지고 즐겁게 열정적으로 그리고 낙관적으로 또 창의적으로 살아가야 한다는 말을 했다. 젊음의 지혜는 여러분 모두의 마음속에 남아있는 어렸을 때의 기억을 다시 되살리기만 하면 된다.

야망을
가져라

현재를 살아가고 있는 우리 모두에게 이 말만큼 가슴에 와닿는 말이 또 있을까? 지금까지 필자가 했던 말들을 공감했다면 그 사실만으로 여러분은 더 만족스럽고, 젊게, 자기 자신을 사랑하면서 살아갈 수 있는 바탕은 만들어진 셈이다.

그럼 지금부터 한 단계 더 높은 야망을 가져보자. 영원한 젊음을 가지고 싶다는 야망에 대해서 얘기해보자.

영원한 젊음이라는 무엇일까? 분명 인간은 영원히 늙지도 않고, 죽지도 않으면서 살 수는 없다. 영원한 젊음을 가지는 방법은 단 하나뿐, 전설로 남는 것이다. 죽은 후에도 다른 사람들의 기억 속에 오래동안 남을 수 있다면 그게 영원한 젊음을 얻는 법이다.

이렇게 영원한 젊음을 갖기 위해서는 야망을 크게 품어야 한다. 단순히 자신의 삶만 풍요롭게 보내려고 해서는 안되고 후손들까지 영향을 받을 수 있어야 한다. 이거야 말로 삶의 진정한 성공이라고 말할 수 있다.

물론 우리들 대부분은 낡고 진부한 사고방식에서 벗어나는 일도 버거운게 현실이지만 혹시 여러분 중에 영원한 젊음을 간직하고 싶은 독자가 있다면 지금부터 필자가 말하는 얘기에 귀를 기울여야 한다.

영원한 젊음을 얻자

영원한 젊음을 얻었던 사람들은 누가 있었을까? 역사 시간에 나오는 인물들이 그 첫 번째이다. 유명한 지도자들, 과학자들, 탐험가들, 예술가들, 철학자 등 세계사의 한 페이지를 장식했거나 인류에게 큰 공헌을 했던 사람들은 시대가 아무리 바뀌어도 우리들 기억 속에 남아있다.

그러나 영원한 젊음을 갖는 사람들이 이렇게 역사적인 인물들에게만 해당되는 건 아니다. 여러 사람들을 위한 사회를 위해 기부를 하거나 자신의 전 재산을 불우한 이웃을 위해 환원하는 사람들 역시 사람들의 기억 속에 오랫동안 살아 숨쉰다. 그리고 자신의 조상 중에서도 한, 두명쯤은 후손들의 입에 오랫동안 얘깃거리로 남아 있는 경우도 있다. 이 경우 역시 영원한 젊음을 얻은 사람들이다.

인류 최초라는 수식어가 붙는 일을 안해도 되고 엄청난 돈을 기부하지 않아도 누군가의 기억 속에 남아있게 된다면 영원한 젊음을 얻을 수 있다. 가족들이나 친구들 사이에서 영웅이 될 수만 있다면 오래동안 그들의 기억 속에서 살아 갈 수 있다.

경험 속에서
얻는 지혜

여러분의 인생을 성공적으로 보내기 위해서는 무엇보다 젊음이 주는 지혜를 찾아야 한다고 말했지만 영원한 젊음을 얻기 위해서는 그것만으로는 부족하다. 죽고 나서도 오랫동안 사람들의 기억 속에 남아있고 싶다면 젊음의 지혜와 더불어 경험의 지혜를 같이 가지고 있어야 한다.

경험이 주는 지혜는 시간을 통해 얻을 수 있다. 살아가면서 배우게 되는 교훈이 바로 그 경험이다. 그렇기 때문에 오래 살수록 더 많은 교훈을 얻을 수 있게 된다. 이런게 바로 경험이 주는 지혜이다. 결과가 좋았던 판단은 기억 속에 남아있게 되고 다음부터는 그 경험을 가지고 다른 일을 좀 더 현명하게 판단하고 결정할 수 있다.

물론 모든 사람들이 경험 속에서 슬기로운 지혜를 배우는 건 아니다. 대부분의 사람들은 같은 실수를 반복하면서 인생을 보낸다. 하지만 현명한 사람이라면 같은 실수로 인해 일을 그르치려고 하지 않는다. 실수를 오히려 기회로 삼아 더 나은 결과를 얻기 위해 노력을 한다.

경험이 주는 지혜에 대해서 제대로 얘기하려면 이 책 한 권으로도 부족하므로 여기서는 영원한 젊음을 갖는 법과 연관된 얘기만 할 것이다. 젊음이 주는 지혜와 마찬가지로 경험이 주는 지혜는 다음과 같이 여섯 가지 요소로 크게 생각해 볼 수 있다.

① 확고한 도덕관

② 혈연의 중요성

③ 타인의 중요성

④ 오늘과 같은 내일

⑤ 현실감

⑥ 균형있는 자세

확고한 도덕관 |

인간은 나이가 들어가면서 하게 되는 여러 가지 다양한 행동들을 통해서 올바른 일과 나쁜 일의 차이점이 무엇인지를 터득해 나간다. 안좋은 행동을 애써 모른척하면서 자꾸 반복한다면 인생은 계속 꼬여만 가고 스트레스만 받게 된다.

병아리들이 하루종일 돌아다니다가 마지막에는 집으로 돌아오는 회귀본능처럼 인간에게 있어 도덕성에 관한 문제는 특별히 배워서 익혀야 하는 그런 문제가 아니다. 도덕적으로 올바른 일은 때론 힘들기는 해도 하지 않았을 때 겪게되는 심적 부담 때문에 올바른 쪽으로 행동을 하려고 한다.

경험은 또한 공손함이나 정중함이 단순히 구시대의 유물이거나 고리타분한 일이 아니라는 것을 우리에게 가르쳐준다. 사회 생활을 더욱 원활하게 할 수 있는 윤활유와 같은 존재라는 걸 알려준다. 또 경험은 개인의 자유와 책임사이에서 균형을 맞추고 살아야지 너무 한 쪽으로 치우치게 되면 방종이나 억압이 생긴다는 것을 알려준다.

혈연의 중요성 |

우리가 어떻게 자라왔는지는 단순히 호기심거리가 아닌 중요한 문제이다. 우리는 모두 미래를 향해 서있지만 과거는 잘 모르는 사촌들, 삼촌들과 고모들로 엮여 있다. 오죽했으면 "친구는 친척에 대한 신의 사과(謝過)이다"라는 말도 있겠는가.

나이가 점점 들어가면서 특히 자녀가 생겼을 때 가족간의 결속력을 더 높게 만드는 가족애(家族愛)에 대해 더 생각하게 된다. 가족 구성원과 환경이 한 사람의 성장 과정에서 얼마나 큰 의미를 갖는지에 대해서도 느끼게 된다. 그러면서 족보에 대해서도 관심을 가지게 되고 이해를 하려고 한다. 그 안에서 나는 어떤 사람인지도 생각해 보게 된다.

타인의 중요성은 혈연의 중요성을 좀 더 넓게 바라보는 것이다. 어렸을 때는 누구나 자신을 과대포장해서 생각하려는 경향이 있다. 그게 아주 심할 때는 나 아닌 다른 사람들은 단지 자신의 상상 속에 나오는 인물로 생각해서 자기가 원하든 대로 몰고 나가려고 한다.

하지만 나이가 들어가면서 자기 중심적인 사고방식에 다른 사람을 집어 넣기 시작한다. 무조건적으로 자기 자신을 사랑하는 것에서 다른 사람도 생각하면서 자기 자신을 사랑하는 법을 터득하기 시작한다. 그리고 나(我)라는 것에만 신경을 쓰기보다는 우리라는 말에 관심을 가진다. 우리 안에서 개인의 발전이 중요하다는 사실을 인식하게 되는데 다른 사람들 즉, 우리 가족, 우리 친구, 우리 공동체에 더 많은 관심을 갖는다.

이렇게 되는 이유는 다른 사람들의 존재 이유에 대해 깨닫게 되기 때문인데, 내 행복보다는 우리의 행복 안에 내가 있어야 더 행복해진다는 걸 알게 되기 때문이다. 우리의 자부심, 우리의 만족감, 우리의 효율성 등은 우리 모두가 같은 인간으로서 서로의 중요성을 인식하고 서로에게 주고받음 속에서 우리의 능력을 가질 수 있기 때문이다.

이 부분은 경험을 통해 배우기 좀 어렵기도 하지만 인격 형성에 있어서 중요한 부분이다.

오늘과 같은 내일 |

어떤 행동은 결과가 좋지만 때론 차라리 가만히 있는게 더 좋은 결과를 가져오기도 한다. 이런 것은 시간과 경험을 통해 차근차근 배워 나갈 수밖에 없다. 시험 공부를 열심히 하든지 아니면 대강하든지 또 회사에 이력서를 내든지 아니면 내지 않든지 자기와 비슷한 상황에 놓인 친구들을 보면서 결정을 내리는 경우가 많다. 몇년 후 좋은 회사에 취직을 하거나 돈을 많이 벌거나 그런 것을 판단 기준으로 삼지는 않는다.

성공적인 미래를 준비하는 일은 청소년들에 가장 중요하고 소중한 일이다. "카르페 디엠"(Carpe diem – 현재에 충실해라)은 "오늘을 수확해라"라는 말도 되며 젊은이들에게 가장 잘 어울리는 말 중 하나이다. 하지만 그 말을 잘못 받아들이고 편한 것만 하다보면 아무런 열매도 맺지 못한 채 오늘을 낭비하는 꼴이 된다.

나이를 먹어갈수록 얻는 경험 중 하나는 하루를 수확한다는 참된 의미를 알게 되고 오늘은 내일이라는 열매를 수확하기 위해 씨를 뿌리고 거름을 주는 시간이라는 것도 알아간다.

미래를 대비하는 의사결정이 얼마나 중요한지를 아는 것이 인간이 동물과 다른 점이고, 이게 얼마나 중요한지를 깨달을 수록 더 나은 삶을 살 수 있다.

현실감 |

천진난만함은 아이들에게 있어 뗄래야 뗄 수 없는 그들만이 가지는 고유한 성격이다. 그리고 어렸을 때는 삶의 슬픈 모습들을 보면 감정이 먼저 앞서게 된다. 아이들에게 "너는 너무 천진난만해서 탈이야"라고 말하는 것은 앞뒤가 안맞는다. 어른들도 어렸을 때는 모두 천진난만했으면서 아이들에게는 그게 나쁘다는 식으로 말을 하는 게 맞을까?

성숙했다라는 것은 인생이 어떤 것이라는 건지 좀 더 깊이 들어보게 된다는 말이기도 하다. 인생은 불공평하고, 성공하기 위해서는 노력해야 하고 그래서 공짜라는 건 없다라는 걸 알게된다. 우리들 중에 인생을 음미하면서 살아가는 사람은 별로 없지만 인생이 어떻다라는 건 알고 있고 만족스러운 인생을 살기 위해서는 땀을 흘려야 한다는 사실도 알고 있다.

태연함, 침착함 |

태연함은 좀 무디게 보인다는 말로 들릴수도 있지만 스트레스와 근심과는 거리가 있어 보이기도 한다. 나쁜 일을 당했어도 그걸 통해 뭔가를 배울 수 있기 때문에 고맙게 생각해야 한다는 말이 있다. 물론 듣기 좋으라고 한 말이다.

세상의 불공평함에 끓어오르는 분노를 성숙하게 처리하기 위해서는 어떤 불행한 일을 당하더라도 웃고 참으며 지내는 길이 최고다.

아무리 힘들어도 웃으며 참아내는 게 중요하다. 인생을 반전시킬 수 있는 길은 아니지만 태연함과 유머는 쉽게 흥분하거나 동요되지 않는 성숙함을 보여주는 일이다. 어려운 일 앞에서도 침착함을 잃지 않는 모습을 가지는 건 살아온 시간이 준 가장 커다란 혜택이다.

젊음이 주는 지혜와 경험이 주는 지혜

영원한 젊음을 갖는 가장 좋은 방법은 젊음이 주는 지혜와 경험이 주는 지혜를 동시에 가져서 강력한 시너지 효과를 나타나게 하는 방법이다. 그렇게만 된다면 삶에 영원한 생명을 불어넣을 수 있게 된다.

젊음이 주는 지혜와 경험이 주는 지혜를 동시에 가지는 일은 지금까지 말해왔던 젊게 생각하며 살아가는 사람들과 나이 든 사람들의 생각을 모두 가지고 있는게 된다. 그렇게 된다면 영원한 젊음을 가질 수 있는 길로 접어들 수 있다.

경험이 주는 지혜는 젊음이 주는 지혜가 때로 극단적으로 치닫게 되는 경우를 방지할 수 있다. 두 지혜가 하나가 돼서 서로를 자극시켜 견제하고, 보완하면서 나가야 강력한 하나가 될 수 있다.

♠ 자신과 다른 사람에게 매력적으로 보이는 꿈을 가져야 하지만(미래를 설계하는 젊음의 지혜) 동시에 명예롭고 가치가 있는 일이어야 한다(경험의 지혜가 주는 확고한 도덕관).

♠ 새로운 에너지와 열정이 있어야 변화를 시도하려는 노력을 할 수 있다(항상 깨어 있으라는 젊음의 지혜). 동시에 그 변화는 가족들과 친한 친구들에게도 영향을 주어야 한다(혈연의 중요성을 말하는 경험의 지혜).

♠ 사회 활동을 많이 하고 인맥을 넓혀야 현재를 알차게 준비할 수 있지만(젊음의 지혜가 주는 새로운 얼굴 사귀기) 동시에 가족 구성원들 먼저 돌보고 난 후에라야 한다(혈연의 중요성을 알려주는 경험의 지혜).

♠ 낙관주의와 긍정적인 생각은 웃음이 많아지게 해서 다른 사람들과의 친화력이 높아진다(젊음의 지혜가 주는 내 기쁨이 먼저다). 동시에 인간관계를 좀 더 깊게 만들어야 한다(타인의 중요성을 말하는 경험의 지혜).

♠ 자신감이 있어야 개인적인 발전을 할 수 있다(자기 자신을 더 사랑하라는 젊음의 지혜). 동시에 다른 사람과의 협력을 통해야만 더 나은 성과를 만들어 낼 수 있다(내일을 위한 오늘이 되어야 한다는 경험이 주는 지혜).

♠ 참신한 아이디어를 가지고 이노베이션의 원천으로 삼아라(내일을 설계하라는 젊음의 지혜). 동시에 먼 미래까지 볼 수 있어야 한다(내일을 위한 오늘이 되어야 한다는 경험이 주는 지혜).

♠ 시간을 효과적으로 관리할 줄 알아야 한다(항상 깨어 있어야 한다는 젊음의 지혜). 동시에 속도 조절을 적절히 할 줄 알아야 스트레스를 덜 받고 행복을 더 느낄 수 있다(침착함을 강조하는 경험이 주는 지혜).

요약

젊음이 주는 지혜를 되찾아 젊음 지수를 높이고 거기에 경험이 주는 지혜를 얹히는 일은 어려운 일이 절대 아니다. 누구의 도움도 필요없이 혼자 충분히 해낼 수 있다. 많은 돈을 투자해야 하는 일도 아니고, 성형 수술을 받아야 하는 일도 아니고, 약물로 해결될 수 있는 문제도 아니다. 모든 열쇠는 여러분이 쥐고 있으며 여러분만이 할 수 있다.

지금까지 필자가 얘기한 내용들을 가지고 여러분의 가치관과 생활방식과 사고방식에 변화를 줄 수만 있다면 많은 이점들을 얻을 수 있다. 변화의 세계로 떠나는 걸 너무 겁내할 필요는 없다. 우리 모두는 이미 그만한 능력들을 가지고 있기 때문에 실행에 옮기기만 하면 된다.

젊음이 주는 지혜를 가지고 인생의 성공을 이루어내는 건 오직 마음먹기 달린 문제이다. 그 과정에서 어려운 일을 만났다고 해서 절망하지도 말고, 자포자기도 하지 마라. 여러분이 소중하게 생각하는 가치관을 재정립하고 행동방식을 변화시키는 일은 당연히 귀찮고 성가신 일이 될 수도 있다.

하지만 자신의 인생에 대해 책임을 지고 싶은 마음이 든다면 더 이상 피해자의 모습으로 살아가서는 안된다. 사고방식을 바꾸고 그에 따른 행동방식을 바꾸었을 때만이 가치있는 결과를 불러올 수 있다.

여러분의 젊음 지수를 높이려고 하는 노력 여하에 따라 인생을 사랑하게 될지, 아니면 증오하게 될지 결정난다.

필자가 마지막으로 다시 한번 말하지만 10대처럼 생각하려는 노력이 있다면 여러분의 삶은 더 흥미진진해지고 웃음이 넘쳐나 결국은 성공의 길로 들어설 수 있게 된다.

여러분 안에 있는 낡고 진부한 생각은 하루빨리 버려라. 외면한다고 해서 외면할 수 있는 문제가 아니다. 그런 사고방식은 쉽게 겉으로 드러나게 되어 있으며 여러분 앞에 있는 모든 기회들을 덮어버릴 뿐이다.

나이에 얽매이지 말고 생각의 자유를 불러라.

여러분 모두는 10대처럼 생각하고, 10대처럼 행동할 수 있다.